suncolor

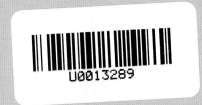

suncolor

世界經濟未來在亞洲

The Rising Asian Superpower

負債在西方，資產在東方，
吉姆・羅傑斯大膽預測中・日・韓・美
10年內的消長變化

Jim Rogers
吉姆・羅傑斯 著
呂理州 譯
大野和基 日文版譯者

suncolor
三采文化

推薦導讀

您不可忽視的全球資金板塊大挪移與投資趨勢

台灣經濟研究院研究六所所長　吳孟道

懂金流就懂世界變化。Jim Rogers 在這本書一開頭，就給讀者大眾來個醍醐灌頂。用簡單一句話，貫穿本書的核心思想，也帶領讀者大眾進入他的思考領域，一同感受未來全球經濟的巨大轉變。不得不說，Jim Rogers 真的是一個非常會說故事的投資人，可以把複雜難懂的經濟趨勢，用淺顯易懂的方式，讓一般大眾快速了解與認識。

確實，面對瞬息萬變的國際情勢，要清楚掌握住未來經濟脈動與趨勢，著實不易。特別是對一般市井小民來說，更需要一個簡單明瞭的指標，來協助他們做出正確的判斷。因此，對市場變化極為敏感的資金流向，自然就成為一個重要的引路指標。

在這樣的前提下，Jim Rogers 毫不諱言，世界經濟未來在亞洲（也是這本書書名的由來）。他觀察到，過去七十五年來，大規模資本持續流向中國及新加坡等亞洲各國，帶動這些國家的經濟發展，也讓這些國家不斷累積外匯資產。相對地，西方國家負債則是不斷增加，全球資金板塊明顯出現大挪移。而在未來，這樣的趨勢顯然仍將持續。

順著這股趨勢，Jim Rogers 認為有幾個國家值得特別留意，分別是具有很大可能性的日本、未來十年最有發展性的朝鮮半島、最接近世界霸權的中國、以及最值得買國債的俄羅斯，都具有高度投資價值。但不容否認地，這些國家也有各自問題亟待改善與解決。例如日本的高齡少子化、過高政府負債、過度保護產業與限制移民，或是中國的低出生率、貧富差距擴大與國債快速增加等，都是可能干擾這些國家未來經濟發展的關鍵因素。

不過，儘管如此，Jim Rogers 一點都不懷疑這些國家的未來發展性，只要領導人願意做出一些轉變（尤其是在經濟制度方面），商機還是遠大於風險。因此，在他徹底剖析完這些具有深厚投資潛力的國家後，他誠懇呼籲有幸看到本書的讀者：「不要遲了！快跟上世界經濟潮流。」因為這可能是百年難得一見的機遇。

而為了讓讀者更能把握住得之不易的投資機會，Jim Rogers 也分享他個人累積數十年功力的投資心法，譬如「誰都沒注意到的東西，立刻買」、「投資自己熟悉的領域」、「耐心等待」、「賺錢後是最容易失敗的時候」等，字字珠璣，讓讀者可以站在巨人肩膀上，恣意遨遊在投資世界裡。這或許也是每次我讀 Jim Rogers 的鉅著時，最大的收穫所在。

最後，Jim Rogers 分享他對未來貨幣與經濟模式的看法，明確點出無貨幣經濟將是一個大趨勢。而在這股趨勢下，人工智慧（ＡＩ）與區塊鏈將是引領風騷的兩個關鍵主角。身為投資者，自然不能放過此一大好良機。

無疑地，這是一本兼具經濟脈動與投資趨勢的好書，讀了它，或許無法讓你立即打通投資的任督二脈，但至少功力大增是可以肯定的。相信對有志了解經濟與投資趨勢的讀者來說，這本書一定不會令你失望。

推薦序

如何找到趨勢與機會？

財經作家 **Mr.Market** 市場先生

在投資領域有許多不同的分析方法，例如有些人分析企業財報，有些人觀察股價的指標或產業變化。其中我覺得最難以學習的分析方法，就是針對國家與經濟趨勢的分析。

大多數經濟數據指標，不同於一般企業那樣變化快速，通常是一個月才有一個數字，需要等待數年後才會看到明顯的變化，而這些變化也只是反應背後經濟、政策、人口等多種因素總結的成果，想要得到對預測未來真正得到有用的資訊，必須要去觀察背後的因素，數據只是反應結果的方式。在經濟領域，大多數用短期數據趨勢就想推測未來趨勢變化的，通常都是在瞎扯而已。

為什麼說這種分析最困難？原因是，你必須對該國家的歷史文化、政治經濟、產業特性，有很深入的了解，至少了解過去一百年，甚至兩三百年的變化。而且不能只了解一個國家，必須要對許多國家的歷史軌跡都有了解，才能從各個國家的現狀中，推演出未來可能的脈絡。當然，歷史的脈絡也並非絕對，例如過去工業時代，資本投入可以是很好的衡量數字，但到了知識經濟時代，從硬體到軟體的變化以後，衡量的基準就會有改變。

對大多數人來說，我們可能連自己國家五十年的歷史和產業變化都不是很了解。但吉姆·羅傑斯從很早年開始就時常遊歷各國，尋找各種機會。也許我們無法複製這種成功模式，但從這本書中，可以學到最多的就是吉姆·羅傑斯推演這些脈絡的思考方式。

然而，僅僅是熟知歷史脈絡與了解知識，依然不足以成為成功投資者。對專業投資者而言，僅僅是發現機會和趨勢還不夠，一來那也只是可能性，不代表必然，也不代表有夠高的報酬。其次關鍵是，必須是別人（其他全球大資金）還沒發現投資機會，才有可能出現意外低估的價格。無論是價值投資或是經濟分析都是如此。如同本書最後一章所說的：「誰都沒有注意到的東西，立刻買。」

最後在閱讀之前提醒幾點：

首先，任何的分析方法都不是絕對的，其實看完書後，書中許多預測我也是感到懷疑。

只要是預測就不可能絕對正確，那只有神才能做到的事。以書中提到作者掛名董事的BIKR這檔ETF為例，是一檔由人工智慧主動選股的ETF，思路看似很合邏輯，但從上市以來的表現是落後全球股票指數，也落後於S&P500指數。當然，真正的結果要十年後才會知道。

我想說的是，無論使用任何投資分析方法，我們都要保有自己可能會犯錯的認知，才能在投資的路上走的久，這點雖然作者沒提，但我相信他一定也是這樣想，而且如同作者所說：「不要別人推薦什麼就去買。」同時「沒有付諸行動，沒有甚麼意義。」

其次是，大多數時候無論投資人或政府，都會用股價指數的高低來衡量經濟好壞，甚至認為撐住股價就是撐住經濟。但事實上我認為股價只是一種對未來價值的看法，經濟成長率也只是一個粗估的數據，成長率高不等於過得好，股價上漲不等於經濟好，股價下跌也不等於經濟差。

最後，希望你能夠透過這本書，學到吉姆·羅傑斯如何順應世界局勢、預測未來變化的思考方式。如果這種投資方法對你太過困難，那麼從眾多變化的思考中，如果能找到一些長久不變的東西，我想這對一般投資人已經十分有幫助了。

序言

懂金流就懂世界變化

我總是會預測數年後的情形。歷史會教我們看見未來金錢如何流動，如果想成功，必須預測未來。不只是投資人，音樂家、足球球員、上班族，在任何領域，如果想成功，就必須預測未來。我於二〇〇七年與家人移居新加坡，也是看到即將來臨的「亞洲世紀」。

我發現學習歷史的重要性是在美國耶魯大學、英國牛津大學碩士班學習的時候。在耶魯大學研究美國史與歐洲史，在牛津大學研究英國史（難為情的是當時的我以為美國與歐洲是全世界，現在才知道那是何等無知！）

研究英國史時，發現與過去雷同的事情反覆發生。後來我在紐約華爾街的投資界工作時，也發現同樣的事情，金錢，也就是資本的流動，與過去的形式雷同。

之後，數十年，我學習日本、中國等亞洲史和其他地域的歷史。兩次環遊世界，目睹世界各地發生的事情。第一次是騎機車穿越世界六大陸，第二次是開賓士車穿越一百一十六國，二十四萬公里，因而更進一步理解世界。

我從歷史中學習「金錢如何流動」之故，才能夠預測雷曼兄弟倒閉危機、中國的崛起、川普當選美國總統、北韓開國等事件。

歷史會重演

「歷史會重演」，這是作家馬克吐溫說的。世界上所有的事情以前都發生過，雖然不是完全一樣，但是雷同且不斷地反覆發生。戰爭、飢餓、不景氣、迫害外國人、貿易戰爭、移民問題。如果理解與現在雷同的問題以前也曾發生，就能夠把握現況，也會知道結局如何。我們經常說歷史會重演，但是不會完全一樣，像押韻一樣，稍微改變形狀，不斷地反覆發生。

例如，一九九〇年代到二〇〇〇年，美國發生泡沫經濟，以住宅與金融為主的資產大漲。日本人當時擁有許多資產，因此立刻飛到紐約購買不動產，認為住宅價格會繼續上漲。

當時連華爾街《金融時報》都說「經濟進入新時代」，並且製造出「新經濟」用語。不過泡沫經濟崩潰後，不曾再使用「新經濟」用語。

美國經驗的不是「新經濟」，而是泡沫經濟。學過歷史的人都會發現與上次泡沫經濟崩盤有相同的徵兆。

向一百年前的美國泡沫經濟學習

在此之前約八十年前，美國經濟經歷與日本相同的泡沫經濟。一九二〇年代因第一次世界大戰而疲憊的歐洲，失去以往的強勢，取而代之的是美國。美國當時大量生產、大量消費，達到空前的繁榮。當時的美國總統胡佛稱此為「永遠的繁榮」。產生「新時代」、「黃金的二十年代」用語。事實上，不是「永遠的繁榮」，只不過是泡沫景氣而已。不久，華爾街股票大暴跌，造成從一九二九年起波及世界的經濟大恐慌。

日本在一九八〇年代末期也發生大型泡沫經濟，學過歷史的人都知道那是嚴重的經濟問題，可是當時沒有人說那是泡沫經濟。不只是日本人，外國人也是一樣的看法，認為日本不同，不可能發生泡沫經濟，認為這次不同。「這次不同」這句話是危險的徵兆，在投資的領域，必須非常注意。歷史上絕對沒有「這次不同」。「這次不同」是沒有歷史知識的人說的話。

不要陷入同樣的思考模式！世界該有點變化了

與別人不一樣的想法，就會看見別人看不見的東西。如果被周遭的人嘲笑你的想法很愚蠢，應該感到高興，我認為這是大好機會。因為從來沒有做與別人同樣的事而能成功的。

這本書最重要的是透過世界局勢、時代潮流的變化，讓自己懂得更靈活去應對接下來的挑戰。

最重要的是一邊配合時代的變化，自己也跟著變化。即使你四十多歲就確立工作上的地位，如果拒絕變化，就可能失去職位。

我在本書將敘述我從歷史角度預測未來的方法以及因應時代的技巧，希望能有助於各位讀者。

目次

第5章 不要遲了！快跟上世界經濟浪潮

*本書內容是根據吉姆・羅傑斯的採訪內容編撰而成，主要針對日本及其他亞洲國家的讀者。採訪地點位於吉姆・羅傑斯在新加坡的住處。

序章

熱錢之風正吹向亞洲

——但是那風有強有弱

吉姆・羅傑斯出生於美國鄉下，家庭不富裕，在英美的著名大學學習歷史，培養出思考力的基礎。之後到華爾街與索羅斯創立避險基金，創下十年獲利四二〇〇%的驚人成績。

他擁有看透金流的慧眼。因為如此，他才能準確預測雷曼兄弟倒閉危機、中國崛起、川普當選美國總統、北韓開國等事件。

本章除了述說他的投資哲學，還預測五年後亞洲最幸福的是哪一個國家。Youtube的執行長蘇珊・沃西基在接受財經雜誌《富比士》訪問時說，以「五年後世界會變成什麼樣子」為基準下投資決斷。閱讀本章之後，就能夠大致掌握未來的經濟地圖。

成功預測雷曼兄弟倒閉危機和川普當選的原因

在序言中我說因為「從歷史中學習金流之故，我才能夠準確預測雷曼兄弟倒閉危機、川普當選美國總統、中國崛起、北韓開國等事件。」

尤其是雷曼兄弟倒閉危機，在前一年就發現徵兆了，所以之後獲利不少。

那時候我發覺負責住宅貸款業務的聯邦住宅抵押公庫的損益對照表很可疑，於是就融券放空這家公庫的股票。

不只這家公庫，我還放空其他投資銀行的股票。我還對外發表「崩潰即將來臨」，結果周遭的投資人以及與金融有關係的參議員都要我別亂發言。沒有任何人傾聽我的警告。甚至有人說：「吉姆・羅傑斯頭腦有問題！」

我被說頭腦有問題不是頭一遭，二〇一六年在東京演講時也是如此。我說：「今後北韓將崛起。」由於頻頻說「北韓、北韓」，甚至差一點被逮捕。二〇一八年，情況大轉變。有人說：「吉姆・羅傑斯談北韓的時候，我以為他頭腦有問題，現在知道他是正確的。」

二〇一六年美國總統選舉時，我一邊看著電視新聞，一邊對妻子與女兒說：「川普會當選！」家人聽了很生氣。我並不支持川普，只是說他會當選而已。事實上我沒有投票給川普，結果如我所預測，川普當選了。

想投資成功，就要向歷史學習

我有時會講正確，但是當我講正確時，人們說：「吉姆・羅傑斯瘋了！」若真想成功，想法就必須與別人不同。若想法與別人相同，恐怕不會成功。

「若想投資成功，就必須學習歷史」這是我的策略。歷史教我們世界經常在變化，世界經常發生推翻你的預測的事件。

以歷史上的任何一年來看，該年的十五年後，世界截然不同。一九〇〇年人們想的事，一九一五年就完全錯誤。一九三〇年與一九四五年，一九六〇年與一九七五年，任何一年都是如此。如果不理解自己現在所處的狀態，就無法投資。景氣是好，還是正在轉差，必須正確掌握，而為了理解現狀，唯一的方法是學習歷史。

我以前在美國哥倫比亞大學的商業學校教授投資，我那時也教授學生如何從歷史預測未來。調查過去行情的暴漲暴跌及其原因，在暴漲暴跌之前發生了什麼事，那事帶給世界什麼變化？經過這樣的分析訓練，就可以從大歷史與金流預測未來的變化。

亞洲的時代來臨──世界負債在西方，世界資產在東方

我們現在來看投資市場。歷史教我們「亞洲的時代來臨了」。

現在的美國是史上最大的債務國。更糟糕的是其債務還不斷在增加。對外純資產約負九百兆日圓（二〇一七年底）。（參考圖1）

美國負債不斷增加的同時，亞洲各國的資產也不斷增加。這七十五年間，從歐美、日本大規模資本流向中國、新加坡等亞洲各國。現在世界的負債歸於西方，世界的資產歸於東方。（參考圖2、3）

現在世界最大的債權國是日本，第三是中國。中國到最近為止幾乎都沒有債務，為什麼？因為毛澤東掌權的時候，世界都不信任毛澤東，沒有國家願意借錢給中國。中國沒有借錢，就累積龐大的資產。二〇〇八年因為雷曼兄弟倒閉危機而引發的全球金融危機時，中國就開始使用過去累積的資金，透過公共建設讓股市上漲。由於中國的資產，世界各國受惠不少。

之後中國開始借錢，不過中國仍然是非常大的債權國。

南韓也一樣，過去雖然有龐大的儲蓄，這一、二十年來卻在借錢。而新加坡與俄羅斯依然是強力的債權國。

圖 1　主要國家與地域的對外純資產

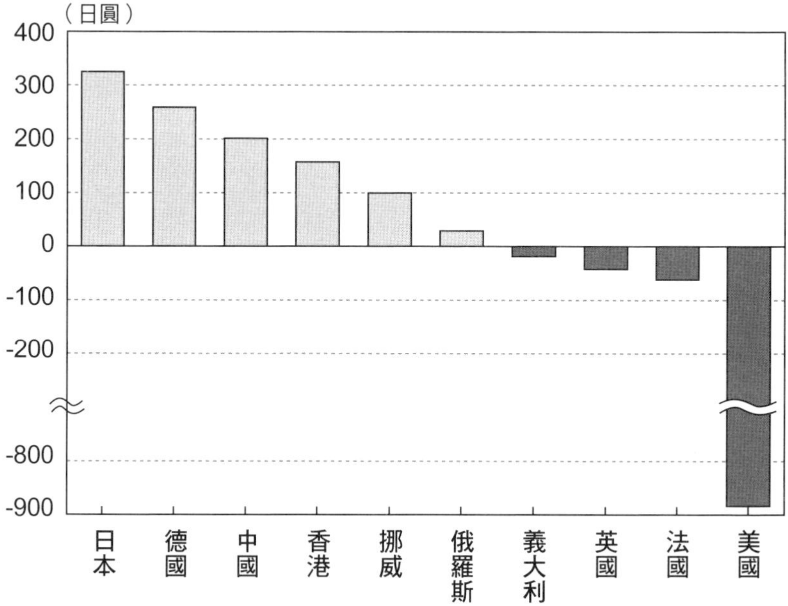

註：2017 年年底的數據。
日本是根據財務省，其他則參考國際貨幣基金組織（IMF：International Monetary Fund）

出處：2018 年 5 月 25 日時事通信社的文章。

圖 2　中國、日本的外匯存底是世界第一、第二名
（單位：10 億美元）

排名	國家	外匯存底
1	中國	$3219
2	日本	$1259.3
3	瑞士	$804.3
4	沙烏地阿拉伯	$501.3
5	俄羅斯	$460.6
6	台灣	$459.9
7	香港	$424.8
8	印度	$403.1
9	南韓	$402.4
10	巴西	$379.4

出處：國際貨幣基金組織（IMF）「在中國的中央銀行」2018 年的資料。

圖 3　**世界經濟重心的進化**

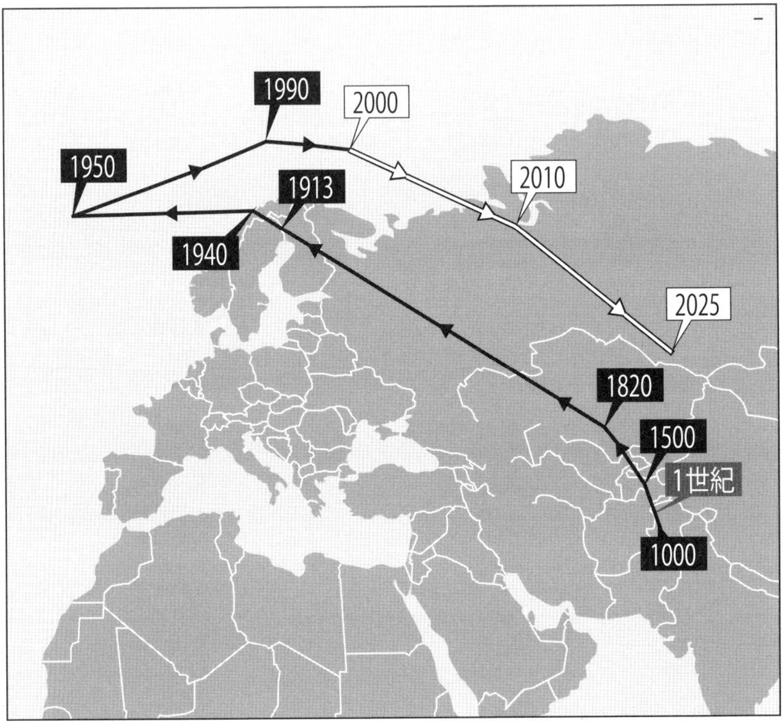

1 世紀 ┈┈ 1950 ┈┈ 2025

印度與中國占地球上的經濟活動約3分之2，之後1500年間，世界的經濟重心幾乎沒有移動。

世界的經濟重心花了3世紀往歐洲移動，英國發生第一次工業革命，然後世界的經濟重心往北美移動。

2000年開始的25年間，中國、印度與其他新興國家崛起，世界的經濟重心回到原來的地方。

出處：《非典型破壞：西方不認識、資源大轉移的四個新世界顛覆力量》
（NO ORDINARY DISRUPTION: The Four Global Forces Breaking All The Trends）（大寫出版）。
由麥肯錫全球研究院（MGI）分析，使用安格斯・麥迪森（Angus Maddison）的資料。
格羅寧根大學（University of Groningen）

日本如何呢？對外純資產是世界第一，約三百兆日圓。外匯存底在二〇一八年時也超過一兆兩千萬美元，為世界第二。

但是國內的財政卻是赤字。日本的長期債務餘額於二〇一七年時，光是中央政府就有八百九十八兆日圓，而且年年增加。為了還這些借款就必須發行公債，為了還公債借的錢，又必須發行新公債，如此陷入惡性循環。還這些借款，以年輕世代成為大人後的稅收充當，也就是將負擔轉給將來的世代。

債務龐大的國家，結局通常很淒慘。歷史正是如此教我們。

日本該怎麼做？

日本的未來必須要擔心。少子高齡化、人口減少、也不接受移民。由於高齡者不斷增加，社會保障費等歲出也不斷增加，於是只好繼續增加發行國債。

日本的長期債務餘額最近十年不斷增加。最近十年亞洲各國不斷成長，日本與其比較就黯然失色。亞洲擁有龐大的資產，日本卻背負龐大的負債。

如果我是十歲的日本人，我會移民其他國家。三十年後，我四十歲時，日本的負債會比現在還龐大，到底誰還錢？除了國民，沒有人會擦這個屁股。

五年後最幸福的亞洲國家？

最近五十年間，世界最有未來性的國家是日本。最近四十年間，是新加坡，最近三十年間，是中國。今後十至二十年間，南北韓統一後是世界最有未來性的國家。

十五年前，不，十年前，北韓不是我有興趣的國家。不過現在時常有機會思考北韓。因為會震撼世界的事件就要發生在北韓。不久，南北韓會統一，統一後的南北韓將成為世界最有未來性的國家。

南韓與日本一樣，出生率非常低，男性太多，女性嚴重不足。但是朝鮮半島統一後，這個問題就能減輕。北韓有許多年輕女性，她們樂於生小孩。日本與南韓對生產與育兒的想法改變了，這是少子化的原因之一，北韓則和以前一樣沒有變。統一後，毫無疑問的，少子化的問題就能減輕。

中國自一九七九年到二〇一五年實施愚蠢的一胎化政策，現在雖然已經廢除，後遺症還在。二〇一七年時中國的出生率只有一・二四。這比二〇一六年日本的出生率一・四四還低。再這樣下去，中國會吃苦果。

日本的少子高齡化走在世界尖端。日本在技術力與品質領先世界，在少子高齡化這個壞的領域也領先世界。現在世界都在看日本，想看看日本的結果如何，因為可以從中學到教訓。日本如果能夠解決少子高齡化問題，也可以為世界樹立好的榜樣。

從這些情況看來，五年後亞洲最幸福的國家是統一的朝鮮半島，因為這個國家最繁榮。繁榮國家的國民大半很滿足，就業沒問題，也不必擔心破產。

繁榮不一定會幸福，但是歷史教我們，國家的經濟有問題時，國民不會幸福。當國民感覺自己不幸福時，就會怪罪給外國人（移民），他們的膚色不同，語言、宗教、食物不同，外國人有體臭，他們的食物也臭。

相反的，繁榮的國家幾乎都歡迎外國人（移民）。繁榮的話，心胸就寬大，對別人會寬容。外國人會帶來多樣性、新想法與資本，國家就越來越繁榮。

史上最大的經濟恐慌將會來臨

歷史還教我們許多事情，例如，四至八年的周期會發生大的經濟問題。我預測今後一至兩年間，會發生我從未見過最糟的經濟危機。為什麼？因為世界上的負債額是史上最差的數字。加上中美貿易戰爭夾雜其中，所以會很淒慘。

根據國際金融協會報告，合計政府、企業、家庭開銷、金融機構的世界債務餘額在二〇一八年時是兩百四十七兆美元，跟十年前二〇〇八年（一百七十三兆美元）比，約增加四三%。

另一方面，世界的國內總生產（GDP）增加三七%，二十四兆美元。以GDP比，看債務規模，從二・九倍擴大到三・二倍（參考圖4）。賺錢比不上借款的情形，不僅與雷曼兄弟倒閉危機時一樣，還更惡化。

二〇〇八年爆發雷曼兄弟倒閉危機之後，世界各國的債務就膨脹。十年前幾乎沒有借款的中國，現在也擁有許多債務。

美國中央銀行的資產負債只有十年就增加五〇〇%。五〇〇%是多麼驚人的增加率！經過幾十年達到五〇〇%的增加率，都令人難以置信，何況只有十年，完全超出理解的範圍。

這十年來，金流劇烈改變

看看現在的世界，沒有借款的國家只有北韓。每一個國家的借款都堆積如山。每一個國家都想緊縮財政，但是沒有一個國家實際緊縮財政，知道道理而不做就沒有意義。例如，我說我可以比世界上任何人都快速跑完一百公尺，但是實際卻無法打破世界紀錄。

圖 4 這 10 來世界的債務大增，GDP 比也膨脹

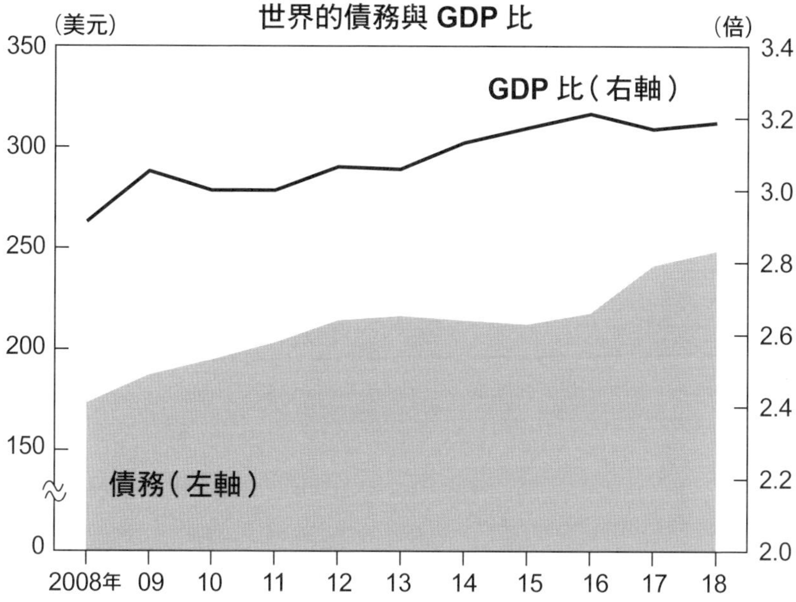

註：國際清算銀行、國際貨幣基金、世界交易所聯合會、國際金融協會的資料。
出處：2018 年 9 月 15 日的日本經濟新聞。

每一個國家都在努力印鈔票，彷彿是印鈔票比賽。等到利率上升，問題發生時，大家向中央銀行求助。中央銀行都是一些官僚與學者，他們說：「好，幫助。」他們的「幫助」是拼命印鈔票，市場又恢復活力，大家鬆了一口氣。

但是，官僚與學者完全沒有考慮到拼命印鈔票的後果。長期來看，拼命印鈔票沒有效果。

不過突然停止印鈔票，也會產生種種經濟問題。尤其會在美國發生問題，經濟成為最糟狀況。因為美國借款最多。從美國開始，第二、第三、第四經濟大國也有經濟問題。

FRB、ECB等中央銀行，開始檢討量化寬鬆政策，採取提高利率與「出口戰略」。他們說：「會軟著陸，別擔心！」但是卻沒有軟著陸的跡象。

這十年來，金流的變化很大。雷曼兄弟倒閉危機之後，全世界開始亂印鈔票。日本銀行、英國銀行都是如此。美國聲明只印必須印的鈔票，結果美元即將創下史上最大的貶值。

這幾年發生的事件，意味即將爆發很大的經濟問題。雷曼兄弟倒閉危機之後到現在經過了十年，什麼時候會發生什麼事，都不奇怪。美國股市於二〇〇九年三月到達谷底之後，連續上漲十年。這是史上第二長的上漲紀錄。如果學歷史，就知道美國股市的上漲，終究會停止。

美國聯準會（ＦＲＢ）的前主席葉倫斷言：「經濟問題不會發生兩次！」如果你相信這句話，就不必繼續閱讀這本書了。但是有一天，她會被視為愚蠢的人。

接下來要發生的經濟危機，大概是我們這輩子從未見到的惡劣狀況。能夠安然度過這場經濟危機的人應該不多。這場嚴重的經濟危機就在我們眼前了！

第1章

日本具有很大的可能性

吉姆・羅傑斯很喜歡日本。但是他對日本的未來卻很悲觀。他的根據來自於世界史。人口減少、借款龐大、不接受外國人，這樣的國家會滅亡，這是歷史的必然。

不過希望還是很大。只要能夠充分活用日本的強項，積極投資今後會成長的領域，並非不可能逆轉。本章的後半解說世界的投資家述說的「日本的再興之路」。

從世界史看日本的未來

鎖國必亡，開國必盛的歷史不變定律

我如果是十歲的日本人，會立刻移民

日本是我最喜歡的國家之一。我曾經兩次環遊世界，到過許多都市，其中東京飲食文化的發達，沒有其他都市比得上。我還記得銀座有一家世界最棒的牛排餐廳。最棒的義大利餐廳不在義大利，而是在日本。當然不只是食物，日本一切都很棒。京都等都市妥善保存歷史文物。可是這個日本五十年後或一百年後就會消失，真是令人遺憾。

為何我斷言會消失？因為日本借款如此龐大，而且又不生孩子。我雖然喜歡日本，卻一點也不想住在日本，借款與少子化是簡單的理由。

二〇一七年十一月，我在美國廣播電台投資資訊節目《史坦斯貝利投資時間》，

我說：「如果我現在是十歲的日本人，我會購買AK47（自動手槍）或者離開日本。為什麼？因為現在是十歲的日本人，他或她，今後將遭遇人生中的大慘事。」AK47是舊蘇聯開發的自動手槍。由於這個廣播節目也可以在網路上看到，所以播放後沒多久，就引起很大的話題，聽說在日本也引起迴響。

二〇二五年日本將成為犯罪大國

當然我不是建議買手槍亂射，十歲的小孩成為四十歲時，日本會經常發生暴動，當全體國民不滿，邁向崩潰時，會引來憤怒、暴力與社會不安。不只是日本，這是任何國家都會發生的社會現象。包括殺人，種種犯罪都會增加。

三十年後社會問題會如此嚴重，所以必須設法保護自己或領導國家革命。

十歲的孩子留在日本，有可能成功發財，但是他的人生不會一帆風順。為什麼？因為日本吹的不是順風，而是逆風。

從歷史可以看見國家衰退的原因

人口減少又不接受移民的國家將來會發生大問題，這是歷史的明顯事實。

例如西非的迦納共和國。一九五七年時，迦納是大英帝國最富裕的殖民地。但是迦納共和國的首任總統英克爾曼排除外國人，施行鎖國政策，結果七年後，迦納共和國就瓦解，發生軍事政變，英克爾曼被驅逐出境。

緬甸也是好例子。一九六二年，緬甸是亞洲最富裕的國家。但是緬甸政府鎖國，下令驅逐外國人，五十年後的現在，緬甸成為亞洲最貧窮的國家。

東非的衣索比亞也是一樣，二百至三百年前非常繁榮。衣索比亞在非洲中是一個很特殊的國家，十五世紀以前，非洲許多地區都從天主教改信伊斯蘭教，只有衣索比亞仍舊信仰天主教。就是這樣與外面的世界接觸，所以才能夠繁榮的吧！

可是當政府認為不需要外國人而採取鎖國，衣索比亞就完全的崩潰，現在的GDP不到世界平均的百分之五，成為世界最貧窮的國家。

現在領導世界經濟的中國，過去也犯同樣的錯誤。

據說哥倫布發現新大陸之前，中國人就已經發現新大陸。但是中國的皇帝認為新大陸沒有中國需要的東西，就把船全部燒毀。

中國的政府也把鄭和留下的珍貴地圖與資料全部燒毀，封閉國家。結果中國從此邁向衰退。

美國也是如此。美國經濟最繁榮的時候是制定移民法一九二〇年代之前。我在寫了《投資家的冒險》之後，經常在其他不同場合提到此論述。

就這樣，歷史數次告訴我們排斥外國人、鎖國會讓國家邁向衰退。外國人會帶來新活力、新血統、資本、創意、興奮、刺激，所以繁榮的國家歡迎外國人，外國人也會被那種國家吸引。但是國內若發生問題，人民累積不滿情緒，就會把一切都歸罪給外國人，最後驅逐外國人，而引發更多問題。

日本的好景氣有如水中泡影

將侵蝕這個國家的重症是什麼？

經濟學家的錯誤理解

現在的日本，包括中央與地方，總共約有一千一百兆日圓的借款，是GDP比約兩倍。即使如此，安倍政權仍然把錢花在不必要的道路、橋的建設，甚至增稅也在所不惜。

五十年前的日本不是這個樣子。那時候，日本的儲蓄率世界第一，幾乎沒有國債（參考圖5）。

實際上，日本不是十年、二十年後消失。現在的中年人成為老年人時，日本的國庫應該還有支撐老年人口的資金，但是之後，現在的十歲兒童成為四十歲時，已經沒有保障他們老後的資金了。

圖 5　日本的借款與赤字繼續增加

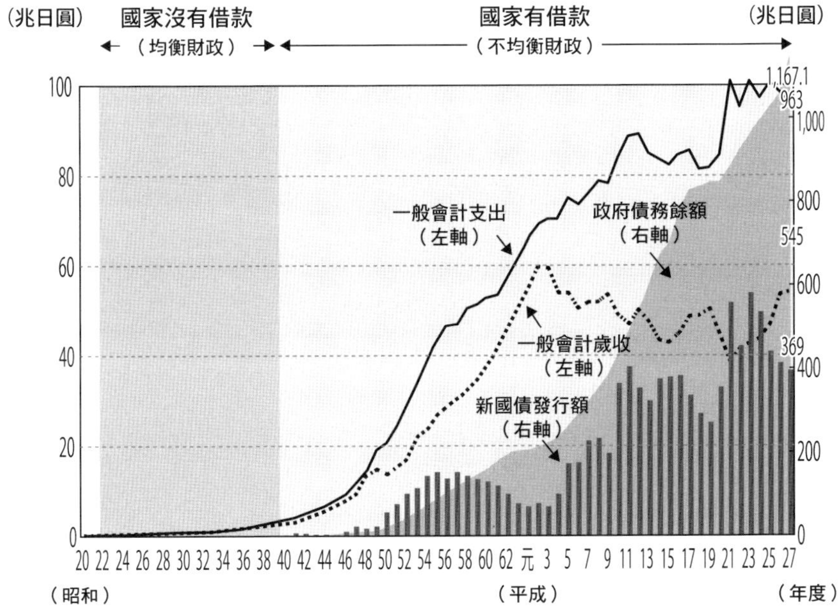

出處：財政部「戰後我國財政的變遷與今後的課題」。

有些經濟學者說：「通貨膨脹時，借款金額就會減少，所以沒有問題。」但是如果長期通貨膨脹，造成物價上漲，對國民而言，借款不是好的解決方法。

發生大通貨膨脹的國家，大多會崩潰。的確通貨膨脹發生時，借款金額就會減少，但是許多人生活會變困苦，尤其困苦的是高齡者與年輕人。當然也有人發了財，但是幾乎所有的人生活會變困苦。

當然，和緩的通貨膨脹有助於解決問題，但是，發生和緩的通貨膨脹時，任何人都會配合通貨膨脹，學習調整的方法，然而，經濟卻不會很有活力地發展。

歷史上沒有一個國家因為通貨膨脹而景氣突然變好。要經濟發展，就必須國民努力工作，提高儲蓄率和投資率，沒有一個經濟順暢的國家依賴通貨膨脹。

因此，通貨膨脹或許能夠減少借款金額，但是卻是解決借款問題最壞的方法。說「通貨膨脹時，借款金額就會減少，所以沒有問題。」的經濟學者錯了。但是，這並不是特別需要注意的問題，因為幾乎所有的經濟學者都時常犯錯。

不要被表面的好景氣欺騙——從金流的歷史學到的教訓

安倍經濟學的量化寬鬆的確讓景氣變好，二〇一七年十一月，日本的實質GDP

連續七期成長，一部分也因為勞力不足，工資轉而上漲。物價雖然沒有達到日本銀行二%通貨膨脹的目標，但是也免去通貨緊縮。股價這幾年也上漲三倍。

但這只是表面的好景氣而已。現在日本股市之所以上漲，是因為日本銀行大印鈔票，用那些鈔票大買日本股票與國債之故。如果持續印刷鈔票，那些錢一定會跑去何處，可能跑去買土地，也可能跑去買黃金。從歷史來看，不斷印鈔票後，那些鈔票大多流向股市。

美國在一九七〇年代也出現同樣的金流，許多金錢流向股市、石油與黃金。一九八〇年代的英國是流向股市，第一次世界大戰後，德國發生嚴重的通貨膨脹，貨幣暴跌，股價暴漲。發生嚴重的通貨膨脹時，人們與其選擇鈔票，寧願選擇實際的物品。

但是大部分時候，金錢的安全避難所是股票。不動產也可以。通貨膨脹後的德國，累積龐大資產的不是持有許多鈔票的人，而是投資股票或不動產的人。

總有一天會發現安倍摧毀了日本

現在日本的狀態只是跟隨「如果印鈔票，股價就上漲」的市場原理。如果繼續量化寬鬆，這個好景氣會持續下去，但不是根本的解決方法。這只要看前述美國、英國、德國的例子就知道，即使大印鈔票也沒有用。安倍經濟學不會成功，安倍政權的政策是在摧毀日本與日本兒童的未來。哪一天大家會發覺安倍首相摧毀了日本。

但是諷刺的是對我這種投資家而言，這是最棒的狀態。由於股價上漲，對投資家與股票經紀人而言，這是最棒的狀態。二〇一二年，安倍確定要成為首相時，我就立刻開始增加買進日本股票。因為安倍明言「繼續印鈔票」。

日本的企業被過度保護，所以印鈔票的話，企業就會獲得利益，股價也會上漲。日銀如果決定提高利率，會讓我擔心，不過是否立刻停止購買日本股票，還要看狀況，不馬上行動，暫時看看情況再決定。

危機才是投資的機會

我最後大買日本股票是在東日本大地震前後。大地震前，因為日本股票很便宜，就開始買進，之後發生大地震，日本股票大暴跌。一九八九年，指數三萬八千九百五十七日圓暴跌八成。包含ＥＴＦ，我大量買進股票，與農業相關的股票也買很多。

因為我相信日本一定會從大地震中復興。日本的教育水準高，國民勤勉又聰明，日本人知道如何做才能復興。

危機發生時，是敏銳採取投資行動的時候。看到災害的樣子以及看到新聞報導，幾乎所有的人都感覺很恐怖、很嚴重，然後停止思考，不會想到這是賺錢的良機。對受災者而言，他希望有人來幫助他，希望有人來受災地投資，這對投資家與受災者都有好處。

我現在注意委內瑞拉與辛巴威。南美的委內瑞拉於二〇一八年發生大地震。辛巴威則持續三十八年獨裁的穆加比政權崩潰，姆南加瓦繼任總統，但是有人說姆南加瓦恐怕更糟糕，而發生反對姆南加瓦的示威抗議。辛巴威因而處於混亂之中，或許是好的投資機會，至少期待有變化。

再回頭看日本。日本雖然股價上漲，但是指數仍只有兩萬兩千日圓左右，距離一九八九年最高價還低了四成（參考圖6）。

當然股價跌的時候買進，比在高價時買進還容易獲利。我一向認為全世界的股市即使暴跌，也必須持有日本、中國與俄羅斯的股票。因為這三國很少遭受景氣減速的影響。美國股票現在在高價，所以不買。日本股票現在還不是最適當的買進時機，不過還算不錯。如果日本股票繼續下跌，我或許會買更多。

中國與俄羅斯的股票，和其他股票相比還不錯，因為下跌很多了。與日本股票一樣，從最高價大幅下跌。不過，中國股票與俄羅斯股票之後的篇章還會再詳述。

圖 6　日經、上海、俄羅斯平均股價的波動

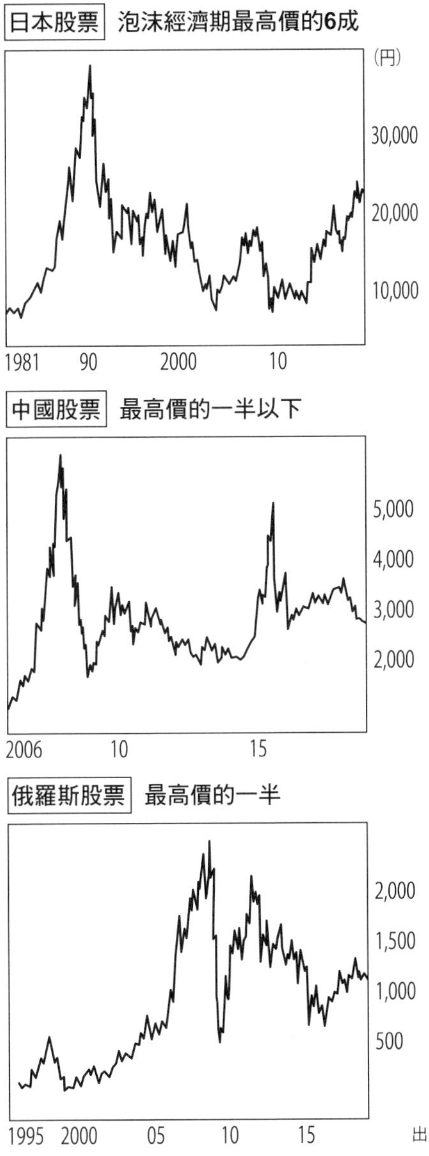

出處：《日經金錢雜誌》2018 年 10 月號的文章。

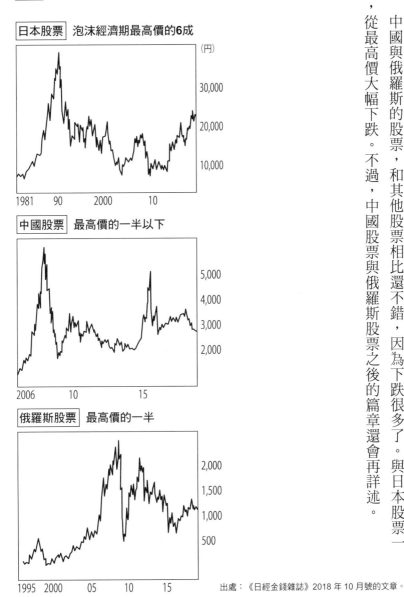

接受移民的國家繁榮，拒絕移民的國家滅亡

思考如何控制對社會的影響

接受移民或是貧窮？

我最近接受媒體訪問，對方問：「請您從長期的時間軸來評價安倍經濟學」，但是我不得不回答：「日本沒有長期的時間軸！」因為日本的人口減少如此嚴重，日本人卻一點也不想生孩子。日本政府雖然有時會拿出誘因，鼓勵日本人生孩子，總是無效。於是由於人手不足，工資上漲，老人增加，社會保障費越來越膨脹，所以我說日本沒有長期的時間軸（參考圖7）！

南韓也面臨少子化問題，但是朝鮮半島統一的話，情況將好轉。許多北韓女性會到南韓，廉價的勞力也會到南韓，將來會勝過日本。

為了對抗少子化問題，必須接受移民。但是日本人討厭外國人，不太願意接受移

圖 7　以人口結構看各國的「機會之窗」

聯合國的人口分析專家指出兒童（0-14歲）的比率在30%以下，高齡者（65歲以上）占15%以下時，經濟會飛躍成長，而打開「機會之窗」。日本於1995年關窗，美國於2015年關窗，中國預估於2025年關窗。

國家	2010年的中心年齡	2030年的中心年齡	機會之窗開啟的時期
巴西	29歲	35歲	2000年－2030年
印度	26歲	32歲	2015年－2050年
中國	35歲	43歲	1990年－2015年
俄羅斯	39歲	44歲	2005年－2040年
伊朗	26歲	37歲	2005年－2040年
日本	45歲	52歲	1965年－1995年
德國	44歲	49歲	1950年以前－1990年
英國	40歲	42歲	1950年以前－1980年
美國	37歲	39歲	1970年－2015年

出處：美國桑迪亞國家實驗室（Sandia National Laboratories），
「2030 年世界如此變化」美國國家情報會議編，第 57 頁，講談社。

民。日本對在日本的外國人有職業差別、居住差別、教育差別等。聯合國於二〇一八年勸告日本不要對外國人有差別。再這樣下去，日本人的生活水準會繼續下降。但是在我看來，日本人寧可選擇生活水準下降，也不願接受移民。

接受移民會增加犯罪嗎？

經常有人說：「接受移民會讓社會不安定。」現在的美國，也有這樣的意見。但是實際上，美國人的犯罪者比外國人的犯罪者還多。的確，進入美國的外國人之中有犯罪者，但是一旦犯罪事實揭露，人們就說：「看看那個犯人，他是外國人！」而不會說：「看看那個犯人，他是美國人！」外國人犯罪的時候，強調他是外國人，讓大家誤以為外國人都是犯罪者。

事實上，任何民族，都有一定數目的犯罪者。而移民大多是有勇氣才會離鄉背井，離開自己熟悉的環境，離開自己的親戚朋友，離開自己熟悉的語言，來到陌生、語言又不通的外國，這絕不是簡單的事，非有勇氣或者發瘋，否則辦不到。

如果是我，很希望那種勇敢的人移民到我的國家。我希望有冒險心的人移民到我的國家。

移民一開始是擁有異文化的人進來，不久就會與當地的人同化，尤其是移民的孩子一定會同化。日本也是如此，在日本的韓國人能夠說流利的日語，其中還有人取日本名字，許多人也到日本學校就學。

不要重蹈歐盟EU覆轍

歐盟許多國家排斥移民，或許原因是出在太早接受太多移民之故。

歐盟的確需要移民，例如德國與日本一樣面臨少子高齡化問題，德國總理梅克爾公開說：「我們需要移民！」德國的企業也勞力不足，只能靠提高出生率或接受移民。但是即使提高出生率，嬰兒要長大成人還要一段時間，最快的方式還是接受移民。

結果，德國總理梅克爾率先接受中東與非洲移民的二〇一五年之後，德國接受的移民超過一百萬人。國民每一百人中就有一位是移民，有些國民自然不滿。這相當於國民約一．二%，與其他歐洲各國相比，是非常高的數字。

我所居住的新加坡也在短期間接受太多移民，所以新加坡已經不再增加移民的名額。二〇一三年新加坡的人口白皮書寫道：「削減外國人勞工。」「永住權保持者維持在五十萬人。」但是今後新加坡會充斥高齡者，政府必須花很多社會保障費在他們身上。將來會引起大問題。

由這個例子可以知道接受移民的方式需要控制。不能在短期間內接受太多移民。不管喜歡不喜歡，日本需要移民是明顯的事實，只能一邊小心控制，一邊逐漸增加移民。

我從來沒有聽過採取鎖國的國家而成功的例子，完全沒有，所以我希望日本能夠更喜歡外國人。日本需要更多外國人。我不是日本人，所以不能教大家如何生活。不過我現在如果是十歲的日本人，我會立刻離開日本！

日本三大投資標的：觀光、農業、教育

日本今後可能成長的產業及其理由

與觀光相關的投資還會再成長

今後日本應該投資什麼產業？日本產業界的活路是什麼？我率先推薦觀光業。我個人想投資日本的觀光、飯店與民宿。

日本有許多名勝古蹟，日本人的素質很高，所以吸引許多的觀光客，對鄰近各國，尤其是對中國人而言，是很有魅力的觀光地。

中國人好幾百年間無法旅行，過去，共產黨為了不讓國民出國，限制國民取得護照與外幣，現在，國民已經可以簡單取得護照與外幣，可以輕易去旅行。中國人口約十四億，這些人想去旅行，所以中國的旅行業潛藏龐大的可能性。由於日本離中國很近，所以中國人可能優先到日本旅行。不只是中國，越南也擁有約九千三百萬人口，他們也很想到日本旅行。

有人擔心二〇二〇年東京奧運結束時，觀光熱也會跟著結束。的確很多國家如此，奧運開始前興起觀光熱，隨著奧運結束，觀光熱也會跟著結束。但是我認為日本不會如此，因為日本的經濟規模大之故。

日本自己關起門。二十年前，不，十年前，觀光客都沒把日本列入觀光的地點。物價高，觀光客敬而遠之。外國人來日本，日本人也不積極協助，外國的信用卡也無法在日本使用。

不過情況正在改變，我的信用卡在許多地方可以使用，日本的觀光業前景大好。觀光業不必依賴外國的廉價勞力，日本還有民宿等吸引外國人的地方。

農業領域富含可能性

另外一個我想投資的是農業。我認為世界各地的農業未來一片光明，日本尤其如此。

現在日本從事農業的人平均年齡約六十六歲，相當高齡。如果能夠有願意從事農業的人，日本的農業未來一片光明。因為這是沒有競爭的業界。現在如果你是十歲的小孩，最好能夠可慮將來從事農業。

或者接受移民。日本一旦表明願意接受移民，一定有許多外國人會移居日本，購買農地耕作。許多日本人接受教育，被寵壞了，不願從事農業，如果是移民，就願意從事農業。如果願意接受低工資的外國人不進入日本，農業就不會大幅成長。

日本的農業問題在於政府太過保護。因為政治人物為了獲得農民的選票而保護農業。日本的米價以往是世界市場的五、六倍，由於太貴而無法輸出。

我曾經與一位日本教授討論這個問題。我指出日本的米價是世界市場的五、六倍，由於太貴，連日本人都無法吃太多。那位教授說：「我們日本人不喜歡吃外國米，我們吃了好幾世紀的國產米，所以我們的消化器官無法消化外國米，如果吃了外國米，會破壞下水道，日本的下水道水管就必須更換。」一開始我以為他在說笑話，後來發現他很認真。

住在美國的日裔人吃加州米，如果那位教授所說屬實，美國的下水道水管就應該被完全破壞。

日本人的「國產米信仰」太過度了。因為連大學教授都深信不疑。許多日本人也都認為日本米很特別，所以昂貴是理所當然。

無論是米或其他農作物，如果不引進廉價勞力來降低售價，就無法和其他國家競爭。日本今後大概也不會出現大規模農業，與美國、巴西競爭。即使如此，日本仍舊不願意引進廉價勞力，再這樣下去，日本人會變貧窮，再過一百年，日本恐怕將消失。

但是情況有稍微改善。二〇一六年，政府修改農地法，要參與農業的障礙變少了。我還耳聞一位前上班族開創農業法人，成為年營業額十二億日圓的公司，並且向亞洲各國發展。

日本農業的可能性之門，才剛剛打開而已。日本的主要企業幾乎都是以前就有的大企業，豐田汽車不是新企業，他們快要被中國企業迎頭趕上。中國企業以豐田汽車為目標，日夜努力想要製造出更好的汽車。日本的企業已經達到頂點，最好別再往上走，再投資下去，雖然風險低，但是報酬也少。所以我若要投資的話，就是觀光業、民宿與農業。這些產業還有發展的空間。

教育產業有活路

教育產業的機會或許也在增加。現在有許多學校因為學生不足而不得不關門。不過有許多來日本的留學生。如果日本能夠積極引進外國留學生，那就好了。

中國與南韓的孩子對我說：「無法進入大學。」因為大學數目很少，競爭激烈。

我就建議他們去日本留學。日本的大學太多，每所大學都渴望學生進來，所以會很歡迎外國留學生。

如果希望外國留學生入學，就必須以世界共通語言英語授課才行。現在日本已經有許多大學以英語對外國留學生授課。

長照產業被認為未來有希望，但是日本將來與其他國家競爭時，長照產業卻無用武之地。日本的高齡者不斷增加，所以長照產業將大幅成長，可是針對高齡者的服務或商業模式不是越多越好。

日本再興之路

日本人的三大強項與三個經濟解決方案

前文敘述日本的危機，但是任何國家都會犯錯，也有許多國家從錯誤中學習，中國就是如此。中國過去衰退三、四次，也站在世界頂點三、四次。日本也有充分再生的機會。我認為日本主要有三個強項。

強項1. 追求品質

日本最大的強項是品質。日本無論做什麼，都追求世界最高品質。我甚至想不出追求世界最高品質的第二名是哪個國家。德國人、荷蘭人、奧地利人也嚴格追求品質，但是比不上日本人。沒有一個國家像日本這樣，有一股無法壓抑對追求品質的慾望。這個姿態讓日本成為偉大的國家。

第二次世界大戰，日本比任何國家都更遭受嚴重的破壞。美國其實很不應該地對日本投下原子彈，我個人認為美國判斷錯誤，沒有必要投下原子彈，而且還投下兩次。日本從來沒有被外國侵占過，一直孤立，所以這是超大的打擊。為了與世界競爭，日本必須提升品質。以價格競爭時，有時需要外國幫忙，但是長期來看，經常無效。

日本的經濟成長很成功，是以創造最高品質，晉升世界大國，獲得非常好的成功，現在世界最高品質的東西都在日本。

讓美國人驚豔的日本製造技術

有這樣一則軼聞，一九五〇年代，世界最大的製鋁公司「美國鋁業公司」，一個鋁捲讓員工震驚，這個鋁捲是執行長不知從哪裡帶回來的。由於品質太高，所以員工和主管都異口同聲地說：「這一定是在擬定特別計畫下製造出來的史上最高品質鋁捲。」但是執行長說：「這是日本製造的普通鋁捲，這種東西在日本，每周、每天、每小時都在理所當然地製造。」美國員工認為最高品質的東西，日本人認為是「普通」。

一九六五年，通用汽車（GM）是美國最大的汽車廠商，或許是世界最大。一天，經營顧問出席通用汽車的董事會，警告「日本人不久會來美國」！日本汽車廠商到美國發展，所以必須有對策才行。但是通用汽車的董事們卻不予理會，「日本人來了，會有什麼改變嗎？」

四十四年後，通用汽車倒閉了。他們應該要擔心一個如此高品質低價格的日本汽車來到美國。豐田汽車剛到美國時，因為擔心失敗，甚至連自己的公司名都不敢用，結果豐田當然沒有失敗，而且還成為世界最大的汽車公司。

本田於一九五〇至一九六〇年代以機車這產品進入美國市場。本田的宣傳語句是「You meet the nicest people on Honda」（騎本田機車的人會遇見最棒的人）。美國人看了這個宣傳語句，笑個不停，因為騎哈雷機車的人才不想「NICE」。但是哈雷機車二、三十年後就倒閉了。另一方面，本田機車現在成為世界最大的機車廠商。

不能一味進行價格競爭

日本人無論基於什麼理由，學習高品質，也學習價格競爭，並因此破壞了美國的製鋁、鋼鐵、機車、汽車等產業。

現在日本有人主張即使犧牲品質，也要提高生產力。的確日本現在勞動力人口不斷減少，國家的借款也在增加，維持品質的體力正在衰退。過去驅逐美國的電視產業，現在被三星與海爾徹底打敗。AI的開發也落後於美國與中國，實在令人惋惜。但是，絕對不要放棄世界的最高品質這個特點。

當然，犧牲品質，也可以用低價格賺錢。但是歷史上沒有一家能持續依靠低價品來經營的企業。消費者大多要求高品質的商品，只有經濟拮据時會購買低價格的商品，但那只是暫時。

本田機車到美國販售時，購買者不只是富裕階級，庶民與貧困階級也購買。本田機車絕對不便宜，但是相對於其品質，價格就顯得很合理，所以才會吸引庶民與貧困階級。豐田汽車到美國販售時，也是如此，而且還是庶民與貧困階級率先買進。當時富裕階級還在買通用汽車的凱迪拉克，但是後來通用汽車倒閉了。貧困階級之所以率先購買本田、豐田、SONY，是因為他們知道這些商品品質高之故。然後慢慢地，所有的階層都購買，不久，豐田、SONY就漲價。

降低品質而走低價格路線的話，最後一定會消失。因為與其他商品無法區隔，等到更低價的商品出現，就趕不上價格競爭了。

大英帝國也因為價格競爭而經濟崩盤

歷史述說價格競爭最後會走向破滅。一八三〇年代，大英帝國經驗前所未有的經濟成長，世界的機械有超過一半集中在英國中部地區。

二、三十年後，美國奪下英國的寶座，美國販賣的所有商品都比英國的便宜得多。於是英國的鞋子廠商與衣料廠商都搬到美國北部。

後來南部的南卡萊納州說我們可以製造更便宜的商品，於是所有的工廠又搬到美國南部。之後，搬到日本，搬到中國，現在搬到越南或柬埔寨。

歷史經常如此移動，哪裡能夠廉價製造，一定會出現更能夠廉價製造的地方。中國、越南、柬埔寨都經歷過同樣的事。

高級珠寶品牌卡地亞（Cartier）自一八四七年創業以來，在全世界發展。一九二六年創業的賓士汽車（Mercedes-Benz）也是如此，因為不降低品質，所以能夠繼續賺錢。日本，應該要再度奪回世界品質第一的驕傲。

強項2. 罕見的國民性

日本的第二個強項是國家全體都在發揮作用。更具體地說是日本人工作勤奮。

我首次造訪日本是在一九八〇年代。我於一九七〇年代開始在日本投投資股票，一九八〇年代才初次造訪日本，那時候就覺得日本人工作勤奮。

無論我提出什麼要求，日本人一定說：「好」。在說「做不到」之前，先說：「好」。從世界的標準來思考，這是不可思議的事情。我首次造訪中國時，情況剛好相反。無論我提出什麼要求，中國人一定說：「不行，做不到」。

下班時間到海關去，如果是美國，對方會說：「已經下班了，明天再來」。如果是日本，對方會幫我辦理。

日本的百貨公司到了關店時刻，會聽到廣播：「請從容購物」。其他國家則廣播：「已經是關店時刻，員工要回家了」。這種對工作的真摯熱情，全世界的成功創業家都同樣擁有。

強項3. 高儲蓄率

日本的另一個強項是高儲蓄率。

戰後日本的薪資非常低，因此日本人為將來著想，努力儲蓄。現在日本人的儲蓄率仍然很高，根據OECD（經濟合作暨發展組織）的統計，日本的儲蓄率一度下降而引起話題，原因是在於高齡化。現在世代的日本人儲蓄率沒有變，要投資就必須儲蓄，這是經濟的基本知識。經濟成長需要靠投資，投資的本錢也需要靠投資獲得。

沒有資本主義概念的國家，經濟不會成長。蘇聯沒有金融市場，所以經濟無法成長，甚至崩潰。社會主義和共產主義已經不適用了。俄羅斯、中國、越南嘗試給予所有的國民生活最低限的現金，但是都失敗了。現有的金融市場已沒有固定模式。資本主義會讓金錢生金錢，並且提高人民的生活水準，所以是很理想的制度。現在還沒有任何人能想出比資本主義更好的制度。

有些日本人說，因為資本主義的關係，貧富差距才越來越大。真是如此嗎？回顧日本的歷史，五百年前日本的貧富差距比現在嚴重得多。不只是日本，全世界都一樣。富豪什麼都有，窮人一無所有。從長期來看，貧富差距反而在縮小。現在的日本，多數人多少有一些儲蓄。

日本人的儲蓄率恐怕是世界第一，戰後將儲蓄拿去投資很成功。戰後約十五年，日本的總固定資本形成比率比任何一個歐美國家都高。（總固定資本形成就是政府與民間從事的實物投資總額，包括基礎建設、住宅、設備投資等）。加上幾乎是其他國家兩倍的高度經濟成長，成為世界最成功的國家（參考圖8）。

遺憾的是，與美國、英國比起來，現在的日本並沒有很積極地投資（參考圖9、

圖 8　高投資加上高投資效率，日本達成高成長

	實質GDP成長率(%)		總固定資本形成比率(%)	
	1964–68	1969–73	1964–68	1969–73
日本	10.2	9.1	30	36.5
加拿大	5.8	4.8	22.6	21.4
美國	5.2	3	16.9	17.1
澳洲	5.5	4.3	26.9	26.3
奧地利	4.3	6.6	27.8	29.1
比利時	4.4	5.5	22	20.8
丹麥	4.9	5.3	22.5	23.5
法國	5.3	6.1	24.8	26.4
西德	4.3	4.9	25.7	26.3
義大利	5.1	3.9	17.6	19.7
荷蘭	5.7	5.4	25.4	24.9
英國	3.1	1.9	19	19.6

註：

1. OECD "National Accounts 1961~1973" 經濟企劃廳「國民所得統計年報」。
2. （1）是用 5 年的複利計算求出的實質 GNP 成長率。
   （2）是各年度固定資本形成總額 (Gross fixed capital formation) 的平均值。

出處：日本內閣府經濟白皮書、昭和 50 年次（1975 年）的經濟報告。

10），日本政府為何持續實施讓儲蓄、投資的人損失的政策？結果，許多日本人將錢拿出國，到更能獲得報酬的國家。因為在日本投資的話，什麼利潤也沒有。日本政府持續實施愚蠢的政策，放棄儲蓄、投資的富裕階級，破壞自己國家的經濟。現在世界的資產由西歐各國轉移到亞洲，只有日本除外。

如果我是日本總理大臣

如果我是日本首相，最先做的三件事是大幅削減支出、促進貿易、接受移民。

1. 政府大幅削減歲出

二〇一八年政府的政府支出（政府使用的預算）約九十八兆日圓，除了發行新國債，歲收約六十五兆日圓，支出比歲收還多很多。支出之中，約三四％是社會福利，約十六％是地方政府繳交稅金等，約六％是公共建設（參考圖11）。我覺得投入公共建設的錢太多了。如果是我，我會大刀闊斧地削減支出。

2. 提高關稅與貿易開放

接下來是促進貿易。提高關稅與貿易開放，促進自由貿易。日本的產業被過度保護，農作物與製造物的商品價格都太昂貴。日本是「貿易立國」，所以走向保護主義

圖 9

日本人喜歡持有現金、存款
（各國的家庭金融資產構成比）

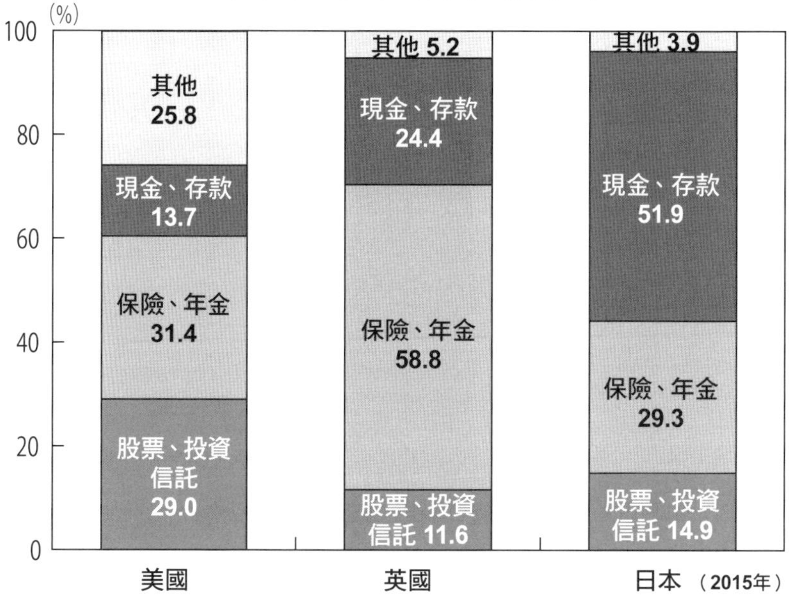

註：包含透過年金、保險等間接型投資。

出處：日本金融廳「平成 27 年（2015 年）度金融報告」

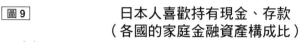

圖 10　日本的投資比率是美國的一半以下

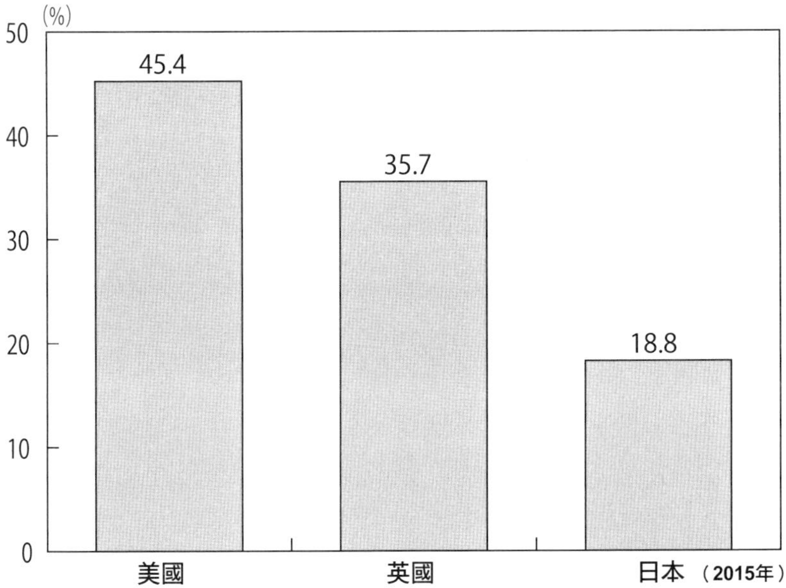

註：包含透過年金、保險等間接型投資。

出處：日本金融廳「平成 27 年（2015 年）度金融報告」

圖 11　**進入日本政府的錢與出去的錢**

日本政府一年使用的預算（政府支出）

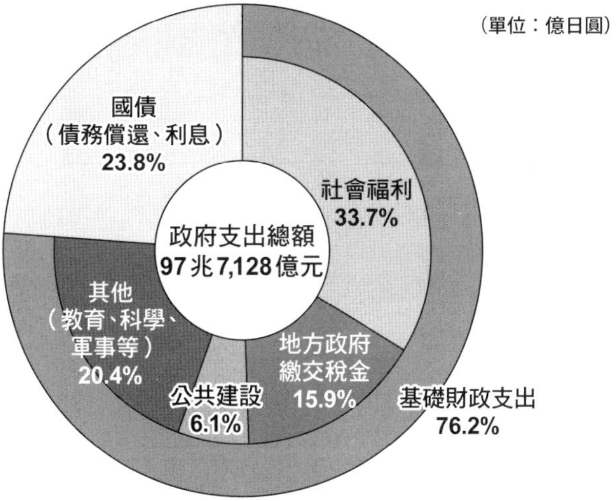

發行新國債的稅收約65兆圓

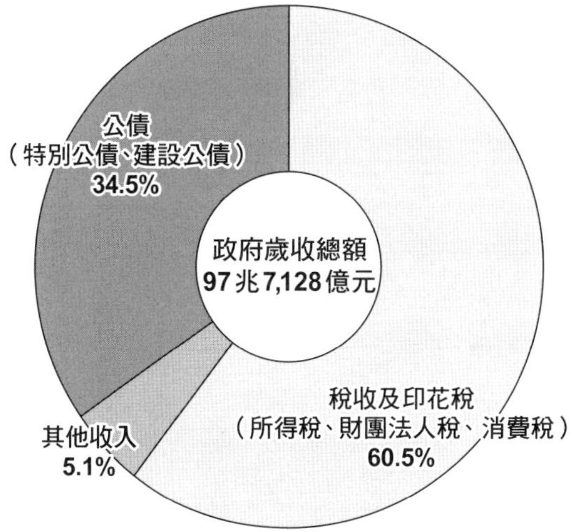

※ 基礎財政支出經費：政府支出中去除國債後的經費，也是當年度政策經費指標。

※ 一般政府支出＝基礎財政支出經費－地方政府繳納之稅金，約588.958（60.3%）

（註1）數字部分採取四捨五入，所以合計總額會有不一致的地方。

（註2）一般政府支出中的社會福利費用比例為56.0%。

出處：日本財務省HP。

一點好處也沒有。

3. 有條件的接受移民

再三述說，為了挽救少子高齡化的日本，唯一的方法是接受移民。但是接受移民時要慎重，不要一下子接受太多移民。

前述新加坡與德國突然接受許多移民，引起人民的反感。而且日本人本來就有討厭外國人的傾向。

再加一點，日本有必要花更多公帑培養工程師。現在的中國有日本十五倍的工程師，這是國力的出處。你應該也聽過百度、阿里巴巴、華為、騰訊四家公司的名字。這些公司就是擁有優秀的工程師，才大成功。

雖然要培育工程師，但是公帑如果不用在有才能、有幹勁人的身上，會徒勞無功。像我這種不適合當工程師，也不想當工程師的人，就算領到錢，也沒有意義。在中國一旦成為工程師，就等於保證將來會成功。所以有才能的年輕人都以當工程師為目標。社會上就會出現許多有才能的工程師，變成好的循環。

美國現在仍有很多人以律師、醫生為目標，因為他們認為律師、醫生的收入比較多。所以即使個性比較適合工程師的人，也會選擇律師、醫生。重要的是讓年輕人知道當工程師成功的話，也會發大財，必須這樣教育。

圖 12　研究科學、工學領域學生的比率，各國差別很大。

二〇〇八年畢業的全部大學中研究科學、技術、工學、數學（STEM領域）學生的比率（%）

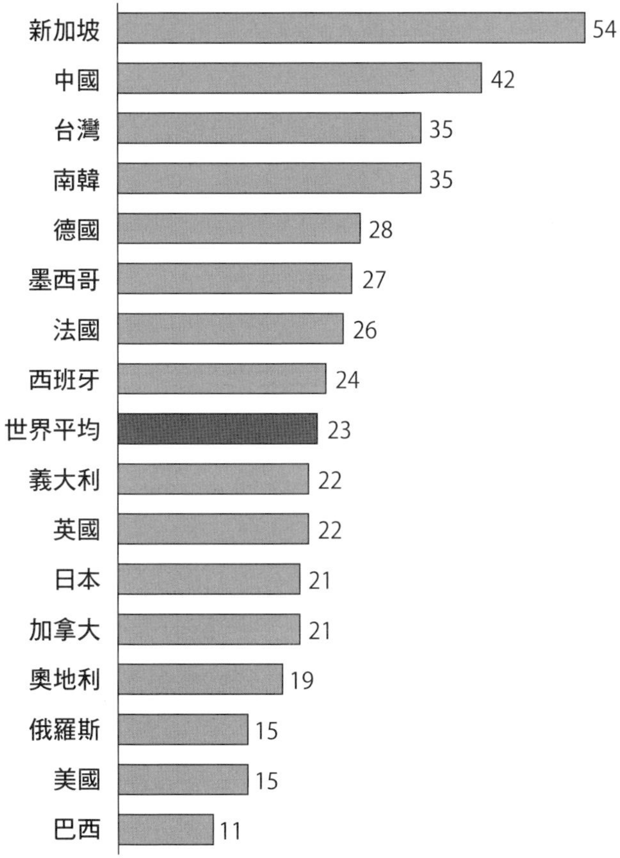

註：STEM 領域的定義是物理、化學、生物等科學領域，數學、電腦科學、建築學及工學。

出處：全美國科學基金會的「科學、工學指標 2012 年版」。以對象選的國家、地區取得第一學位的調查。2008 年之後是最新資料。新加坡統計局、麥肯錫全球協會分析《麥肯錫預測的未來》285 頁。

教育是政府在控制，所以就某種意義來說是一種洗腦。美國的學校早晨全校學生要向美國國旗宣示忠誠、唱國歌，讓學生感覺作為一個美國人是多麼好的事情！學童一進入小學，就讓他擁有這種想法。

美國史與世界史都是用美國的方式教授。第一次造訪中國時，我的內心非常害怕，以為中國人都很殘忍而邪惡，是危險的國民。因為美國如此宣傳。實際上到了中國，才知道完全不是那樣。不只是美國，日本、中國、南韓都實施自己國家的教育。

教育可以控制人的腦。「當工程師成功的話，也會發大財。」絕不是錯誤的思想。所以必須在兒童還小的時候，這樣教他們。

如果我是四十歲的普通日本人……

在本章一開始，我曾說：「如果我現在是十歲的日本人，我會買AK47，或者離開日本」。但是我若是四十多歲的日本人，我會如何呢？

我應該不會離開日本，於是我想到可以買農場。現在日本的農地、農場很便宜，因為沒有人要買。找一個便宜的農場，雇人工作。雇用外國勞動者很方便，雇用退休而還有體力，頭腦也清楚的中年日本人也是一個方法。

或者開創連鎖民宿事業也不錯。如果是我，我會雇用外國人作員工。我也會從事教育事業。南韓、中國與印度大學不足，日本因為人口減少，大學反而太多。從大學不足的國家很容易招來學生。

如果發展這樣的商業，即使四十多歲了，也可能在日本有一番作為。

在今後吹逆風的日本，要順利生活下去，就必須從事與外國有關的事業才行。所以要留意東亞各國的情勢。

第2章

朝鮮半島——未來十年最有發展性

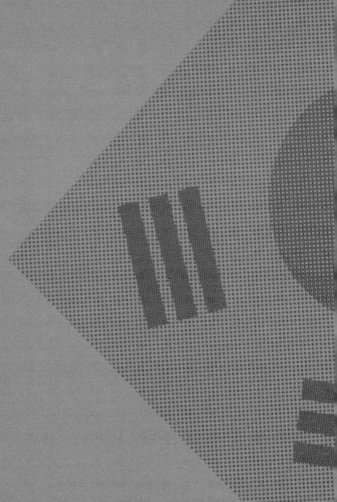

二〇一八年四月，北韓的領導人金正恩與南韓總統文在寅會談。同年六月，美國與北韓舉行首腦會談。北韓急速開國。吉姆．羅傑斯幾年前就預測到這個發展，認為可以到北韓投資。事實上果然如吉姆．羅傑斯所預測，世界上的投資家如何看接下來的金流呢？

這幾年來，南韓雖然經濟陷入停滯，但是吉姆．羅傑斯斷言，朝鮮半島（南北韓）在五年後將成為亞洲最幸福的國家。投資之神所預測朝鮮半島即將來臨的未來是如何呢？

朝鮮半島的劇烈變化

南北韓一旦統一，韓國目前的經濟問題會完全解決

北韓的經濟發展未來會以兩位數的速度成長

地理位置很接近日本的朝鮮半島，今後會有劇烈的變化，因為南北韓將要統一。現在先進國的經濟陷入停滯，但是南北韓從現在到二〇二〇、二〇二二年左右，不會受到其他國家不景氣的影響。北韓現在的經濟雖然是全世界最糟糕，這與鄧小平政權在一九八〇年代前半情況類似。一九八一年，中國決定在計畫經濟下發展市場經濟。中國對外開放後，經濟就大幅成長。

同樣的事情在北韓也會發生。當然世界經濟會影響南北韓，尤其南韓的貿易比重高，將遭到更大困難。北韓開國所產生的變化很巨大，北韓今後或許會以一〇%以上的速度成長。南北韓今後十至二十年間，將成為投資家最注目的國家。

所以今後數年，朝鮮半島將成為非常有變化的區域。兩個國家說同樣的語言，使用同樣的金屬筷子，彼此了解對方，兩國工資都很便宜，也都擁有豐富的天然資源。

統一雖然必須花費許多資金，但是，南北韓協力削減軍事支出，所以沒有問題。加上周邊有許多富裕的國家，一九九〇年東西德統一時，周邊沒有富裕的國家，無法獲得外國的投資。另一方面，南北韓周邊的中國、俄羅斯是有充分投資餘力的國家，不必擔心資金。

統一會在什麼時候呢？我認為只要外部環境準備妥當，北韓隨時會開國。最先開放的是觀光業，大家都想看看封鎖八十年的國家是什麼樣子而蜂擁到北韓。

二〇一八年四月舉行的南北韓首腦會談，象徵了今後兩國的友好關係。如果能夠持續這個友好關係，南北韓將成為世界最棒的統一國家。

北韓開國就解決南韓齡少子化的問題

南韓首都首爾是我喜歡的都市之一。第一次造訪是在一九九九年。當時還沒有很發展，感覺與美國的小州差不多。我很驚訝南韓因為地區不同，食物、發音都差很大。南韓過去被稱為「Hermit Kingdom」（隱者王國，一六三六年至一八七六年的朝鮮名字）。由於對外國封鎖，所以久而久之，地方的異文化就發達起來。

我不知道南韓有什麼名勝古蹟，從歷史上看，朝鮮在幾個時期很繁榮，累積鉅富。我對朝鮮的歷史如此無知，世界上的人也應該一樣吧！因為過去南韓在國際舞台上，不像中國、日本是那麼重要的國家。

我在南韓吃過油炸蠶。包括食物，南韓有許多有趣的事情。我個人雖然是東京迷，但是我認為今後二十年日本將衰退、韓國將成長，成為一個很具未來性的國家。

為何我斷定韓國將比日本更成長？主要理由有兩個：第一是南北韓將統一，成為一個新國家。南北韓將互相彌補對方的缺點，發揚優點，達到飛躍性成長。第二個理由是韓國人的民風比日本人稍微開放一些。韓國人比日本人喜歡變化，願意接受變化。

韓國與日本一樣，也有少子高齡化問題。韓國與日本都是女性不足。許多人都說：「亞洲男性不足。」其實，真正需要的是女性。根據《朝鮮日報》報導，二〇二八至二〇三三年，韓國人的男女比率約一二〇比一〇〇，男性多了二〇%。

南韓已經有農民到越南尋找新娘，因為在南韓找不到。如果是日本男性，與其與外國新娘結婚，大概寧可一輩子單身吧！就這個意思而言，韓國人的民風比日本人稍微開放一些。

北韓的女性進入南韓後，新娘候補就增加了。北韓不缺乏女性，與日本人、南韓人不一樣，北韓人喜歡孩子。日本、台灣、新加坡、南韓都有少子高齡化問題，南北韓統一後的新國家就不會有這個問題。

南韓的財團會是關鍵角色

北韓可望興起，北韓與南韓財團會扮演重要的角色

文在寅政權的責任

從世界看來，南韓現在還不是開放的國家。尤其最近南韓的經濟陷入官僚、封鎖的經濟結構。南韓在一九九七年發生亞洲通貨危機時比較健全，跟那二、三十年前相比，現在資本與權力集中在少數財團手中。南韓的股價指數有超過一半是五大財團（三星、ＳＫ、現代、ＬＧ、羅德）所獨占（參考圖13）。

財團是不可思議的存在，美國一個財團都沒有。

這是韓國式的家族經營企業。南韓的股票時價總額前三十名的企業之中，不是財團的只有五家。資本與權力集中在如此少數的企業，全世界極為罕見。

文在寅總統於二〇一七年就任以來，基於「重新調整南韓的經濟結構」的想法，

圖 13　南韓的股票超過一半是 5 大財團所獨占

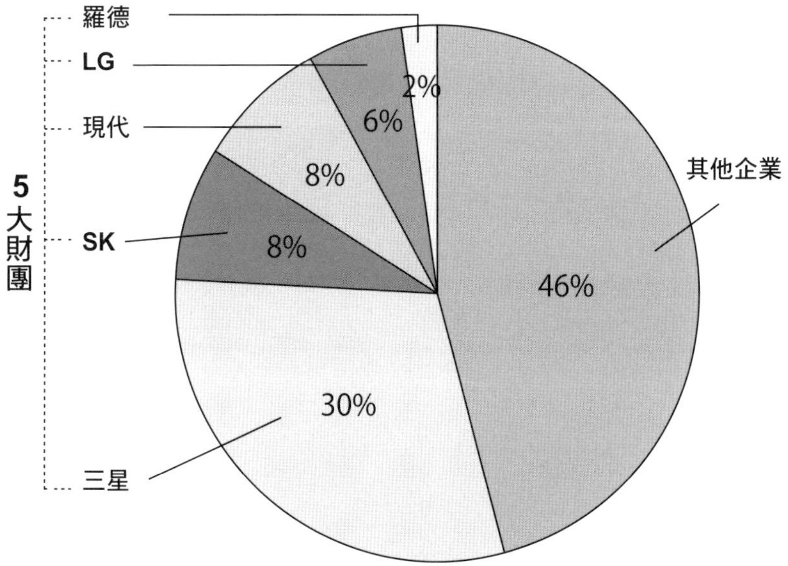

Note: Weightings in the benchmark Kospi Index of listed companies belonging to five biggest conglomerates as of April 2018.

出處：彭博有限合夥企業（Bloomberg L.P.）2018 年 10 月 5 日的文章「South Korea's Chaebol」。

以「所得主導」與「革新」兩個主軸推動成長政策。但是是否有效果，是一大疑問。世界上也有許多國家以促進革新為政策與目標。如果問「你贊成革新或反對革新？」任何一個政治人物都會回答贊成。

誰都會大聲喊「革新」，但是政治人物具體上做了什麼？

從南韓兒童將來想從事的職業排行榜看社會現象

二〇一七年我被南韓的電視公司（KBS 1）邀請去南韓，對方說想製作我的特集節目。那時候我聽說南韓十多歲的青少年將來想從事的職業排行榜，第一名是公務員。根據另一家媒體對小、中、高學生的調查，將來想從事的職業連續十一年是教師。這可以跟日本比較（圖14）。

我認為這個安定志向有問題。到其他國家問十六歲左右的青少年「你將來想做什麼」？對方會回答足球選手、搖滾歌星、電影明星。連續十一年公務員最有人氣，這在世界的歷史上很罕見。這表示從政者雖然口口聲聲說「革新！」卻無法讓年輕人懷有很大的夢想。

首爾有一個考試村，專門讓大學考生與公職考生便宜住宿的地方。公務員考試的

圖 14　日韓兒童選擇將來想從事的職業

日本男生	日本女生	南韓小學生
① 學者、博士	① 餐廳經營者	① 教師
② 棒球選手	② 護士	② 運動選手
③ 足球選手	③ 保育園、幼稚園老師	③ 醫生
④ 醫生	④ 醫生	④ 廚師
⑤ 警察、刑警	⑤ 學校教師	⑤ 警察
⑥ 木匠	⑥ 歌星、藝人	⑥ 歌星
⑦ 消防隊員	⑦ 藥劑師	⑦ 律師、檢察官
⑧ 建築師	⑧ 開寵物店	⑧ 職業玩家
⑨ 游泳選手	⑨ 跳舞教師芭蕾舞者	⑨ 開麵包店
⑩ 電車、巴士的駕駛員	⑩ 設計師	⑩ 科學家

調查於 2019 年。日本是第一壽險公司調查。韓國則是聯合新聞報導「升學教育的現況調查」。
出處：產經新聞 2018 年 1 月 21 日的報導內容。

及格率只有一・八％，所以考生必須非常努力。年輕人追求安定而不是挑戰，這樣的社會很難有革新。

文在寅總統當然必須實行什麼對策才行，因為不想創業的孩子如此多。美國矽谷的所有十多歲青少年幾乎都在思考想創業。想要從家中的車庫，興起IT企業。

革新用嘴說很容易，但是革新必須從社會發出。南韓若能對北韓開放，這個保守傾向將會稍微減輕，現在的南韓還沒有開放。

中美貿易戰爭的影響

二〇一七年南韓的實質GDP成長率為三・一％，三年來首次超過三％。尤其半導體輸出的成長很明顯，為五七・四％。今後由於川普總統的中美貿易戰爭，將使包括半導體產業在內的所有產業都遭受挫折。

有專家分析南韓對中國的貿易依存度很高，所以在中美貿易戰爭中，南韓遭受的打擊比中國還大。南韓若減少輸入中國的零件一〇％，估計成長率減少〇・九％。台灣、日本、馬來西亞對中國的貿易依存度也很高，但是影響最大的是南韓。但關於此論點我無法苟同。

世界的資金流向朝鮮半島的那一天

二〇一八年六月，外國投資家的資金離開南韓，因為他們擔心美中貿易戰爭以及引發的外匯戰爭。外國投資家開始不信任新興國家。但是北韓若開放，與南韓建立和平關係的話，世界上的資金將流向朝鮮半島。

以三星企業為主，財團企業支撐南韓經濟。北韓若向南韓開放，這個情勢會更加擴大。因為財團企業有資金投資北韓。

韓國的財團企業不可小覷。如前所述，韓國股市市價總額前三十名有二十家是財團企業。

三星是很了不起的企業，如果你在南韓出生，你可能是在三星的醫院出生，在三星的醫院去世，然後被三星的葬儀公司埋葬。三星支配了韓國人從搖籃到墳墓的一切，真是偉大的三星故事。

依賴財團的經濟結構當然有問題，但是那已經被市場原理與社會力量改革了。一般來說，成功者都太努力、太勉強自己，所以在抵達目的地之前，就會跑出競爭者。

北韓若開放，許多人會去北韓，不只是人材，資金也會從中國、日本、俄羅斯流進北韓，產生激烈的競爭。

我想投資北韓的理由

豐富的資產、人民的勤勉、高教育水準——北韓的潛力很高

北韓資源本來就比南韓豐富

現在北韓的經濟在全世界是吊車尾，但是一九七〇年之前，北韓比南韓還富裕。到一九六〇年初之前，北韓的每人國民所得不斷增加，讓這個局勢逆轉的是共產主義（參考圖15）。

共產主義會破壞一切。不過，北韓仍留有昔日的強盛。

例如，北韓人像日本人一樣熱心孩子的教育。北韓人勤奮工作，也會儲蓄。這都是發展經濟的條件。不只是中國、日本，美國與德國也是在同一時期經歷同樣的歷史。現在北韓正來到這個關頭。

我雖然只去過北韓兩次，但是目睹了北韓人勤奮工作的模樣。

圖 15　**南北韓每人實質國民所得的變化**

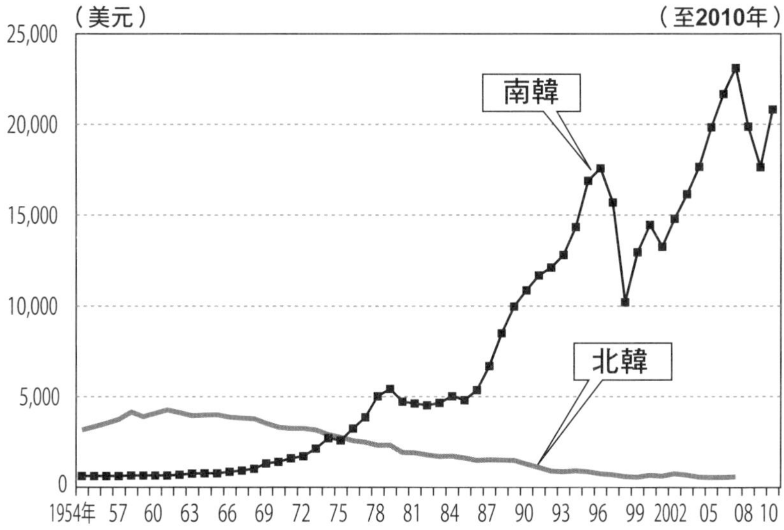

根據金遠見（2008 年）34 頁，韓國統計廳資料庫、韓國開發研究院（1906）75 頁、勞工統計局資料庫。
出處：日經商業雜誌（2012 年 1 月 12 日）「凌駕韓國的北韓經濟」的報導內容。

中國與北韓邊境的中國居住了數千朝鮮人。他們穿朝鮮服、說朝鮮話、過朝鮮的節慶，他們希望有一天祖國發生變化，讓他們回到祖國。

北韓祕密進行的開國準備

北韓最近將許多人才送到中國、新加坡學習創業、資本主義、所有權、股市，應該是在進行開國準備。現在北韓雖然沒有股市，但是如果將來創立股市，市場將如何運作，現在派人去新加坡學習。北韓與各國來往頻繁，所以各國也出現北韓料理的餐廳。

此外，北韓現在設立十五個「自由貿易地區」，還有舉辦國際運動會的場所，以及滑雪休閒地。

開城工業園區位於靠近南北韓軍事境界線的北韓這邊。這是南韓設立的，裡面有一百二十多個南韓工廠。北韓職員每天到這些工廠工作，工作的是北韓人，賺錢的是一百二十多個南韓企業。

開城工業園區於二〇〇四年開始營運。二〇一六年時由於北韓發射長距離導彈，南韓便停止營運到二〇一八年，期間工業園區都一直沒有復工。這是現在關在監獄前總統朴槿惠所指示。

但是事實上北韓祕密營運工業園區的工廠，二〇一八年八月，南韓也宣布要提供電力給工業園區。因為過去在開城工業園區的南韓企業約有九十六％希望再營運。現代、羅德、KT等大企業也想加入。南北韓統一，開城工業園區正式營運是時間早晚的問題。

金正恩是什麼樣的領導者？

共產主義的國家之所以發生劇烈的改變，第一是領導人想法改變了。金正恩年幼時期在瑞士度過，並不是純粹的北韓人，所以父親金正日才交棒給他。不只是金正恩，北韓的將官們年輕時都有在北京、上海、莫斯科等都市駐在的經驗。他們拿三十年前自己赴任時相比，現在北京、上海、莫斯科改變那麼多，平壤卻落後於時代。這些了解外面世界的人一旦擔任領導階層，北韓就會開始產生正面的變化。

金正恩所帶來的新氣象，與從過去就培養的勤勉國民性，加上南韓的經營能力，完美配合，一定會成為一個具未來性的國家。與已經人手不足的日本成對照，朝鮮半島有廉價的勞動力、年輕女性這些新的人資源。

圖 16　南北韓經濟經濟成長率的變動（與前一年比的增減率）

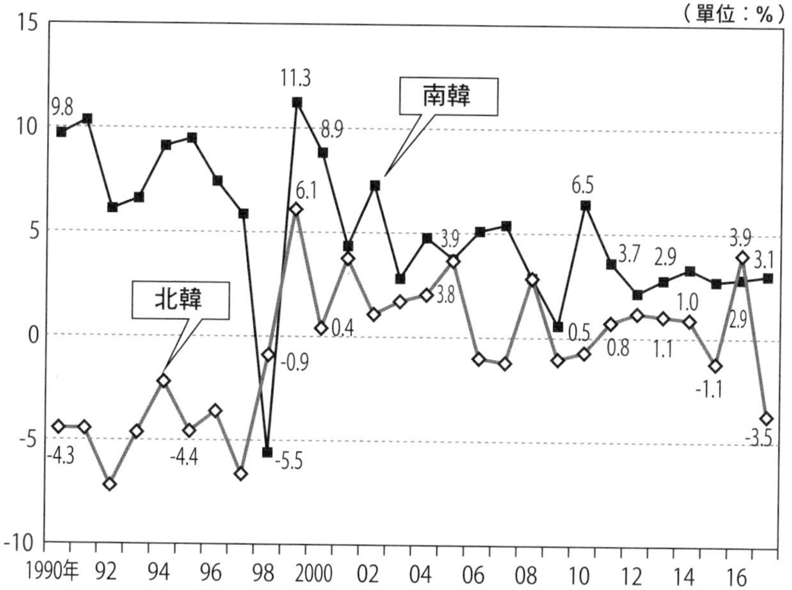

出處：公益法團法人日本經濟中心「經濟制裁對北韓生產活動也造成打擊」記載於 2016 年 8 月 16 日。

事實上北韓這二十年來，經濟逐漸成長（參考圖16）。一九九九年達到比前一年多六%的高經濟成長。二〇一六年的經濟成長超越美國、日本、南韓（參考圖17）。

二〇一七年雖然遭到國際社會的制裁而經濟衰退，但是今後應該會繼續成長吧！

圖 17　2016 年北韓的經濟成長超越美國、日本、南韓

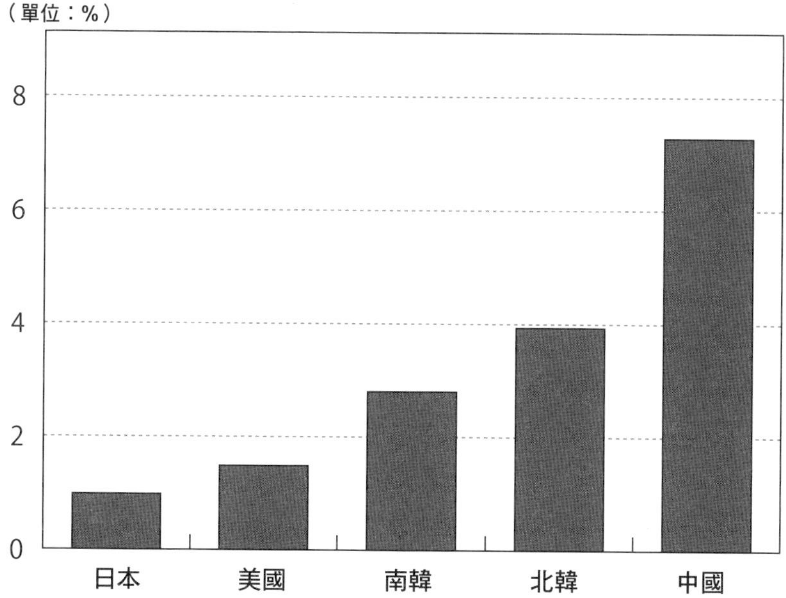

出處：日本經濟新聞「北韓經濟成長率 3.9%，是日本的 4 倍。從資料看北韓」2018 年 6 月 17 日報導。

朝鮮半島統一後受惠的產業是什麼？

你有很多選擇

我投資大韓航空的理由

如果我被問今後五年朝鮮半島特別快速發展的產業是什麼？我會推薦觀光產業與農業。這與日本一樣，但是理由不同。其他還有礦業、漁業、紡織業。

我現在持有的南韓股票以大韓航空為主，因為我覺得南韓的觀光產業有未來性。南韓的人都想知道北韓是什麼樣子，一旦北韓開放，對觀光產業的投資就會爆發性地增加，居住在國外的許多南韓人也會回國。為了知道南北韓發生什麼事，國內旅遊將很興盛。日本的觀光旅遊的盛況如第一章所述，是景氣反彈所造成。南韓則是因南北韓國內旅遊而造成的盛況。無論如何，旅遊業的前景很好。

韓國農業的蓬勃發展

與日本一樣，韓國的農業也面臨高齡化問題。找不到後繼者，高齡者必須從事辛苦的農作。農業是全世界自殺率最高的職業，英國每星期有一位農業從事者自殺。印度因為氣候變動，農作物歉收，這二十數年來，超過三十萬農業從事者自殺。

但是農業在這世界上不會消失，因為我們沒有糧食活不下去，一定要有人從事農業。現在世界各國的糧食消費量超過糧食生產量，因此糧食儲藏量非常低，隨時都可能發生糧食危機。中國實施保護農業政策，提高農民的收入，可是仍然無法阻止農民流入都市。

但是韓國的農業卻有未來性，因為北韓若開放，許多北韓的年輕人與廉價勞動力就會加入韓國的農業。

今後二十年，韓國的產業會很幸福

礦業也會興盛，因為北韓有許多礦山。如前所述，一九七〇年代北韓比南韓還富裕，原因之一是北韓有許多礦山。那些礦山現在還很豐富。只是目前被共產主義糟蹋了。所以南北韓統一的話，礦業會再興起、漁業也會興盛。紡織業也不錯，尤其北韓工資廉價，衣服能夠便宜生產。至少今後二十年，朝鮮半島一片光明。北韓開放的話，南韓的任何產業都值得注目。現在的北韓，極端地說，椅子、電力都沒有，所以南韓的所有產業都將受惠。

應該投資與北韓相關的產業

很遺憾的是我身為美國人，所以投資北韓是違法。現在能夠投資北韓的只有一部分中國人與俄羅斯人。無法投資的我們，只能在局外旁觀他們獲利。現在的北韓與一九八一年時的中國一樣，正要起飛。

二〇一五年在接受CNN的訪問時，我就說：「我想將所有的財產投資北韓。」當時周邊的人都很懷疑，但是我於一九八〇年說：「應該投資中國」時，也引來周邊人的嘲笑。與別人想法不同的新發想才是最適合的投資點子。

無法投資北韓的現在，如果要投資與北韓相關的產業或股票，哪一種較好呢？

除了大韓航空，我所持有的南韓股票是ETF（股票型指數基金）。ETF可以分散投資個股，所以有安全感。我不認為南韓的代表性企業三星是很有魅力的股票。

因為三星是非常巨大的企業，即使南北韓統一，產生很大的變化，也不會影響這個巨大的企業。不只是南韓企業，如果是中小規模，中國與俄羅斯的企業也會因為南北韓統一而受到恩惠。

若投資北韓獲得解禁，投資什麼比較好呢？考慮產業的話，有觀光業、物流業、礦業、電力與電腦，光是想到這些，就令人興奮。

可預期的外力干擾

必須注意美國的行動

駐南韓美軍的動向

根據以上的理由，我很樂見南北韓統一。唯一無法順利統一的要因，可能是美國。駐南韓美軍有三萬人。因為南韓基地是接近中國國境與俄羅斯國境唯一的美軍基地。要牽制中國與俄羅斯，這是最適當的地方。我認為把自己的軍隊駐紮在那種隨時會爆發戰爭的地方，是高風險。但是如果以日本的自衛隊取代駐韓美軍，可能帶給南北韓正面的變化就會消失殆盡。那麼在靠近中國與俄羅斯的日本增加駐日美軍可行嗎？我認為不可行。駐日美軍現在已經超過六萬人，是美軍在國外駐紮最多的國家。

南韓位於太平洋上很重要的位置，所以美國無論如何也要在南韓保有美軍基地。

韓戰休戰已經超過六十五年，很遺憾美國的納稅人在休戰超過六十五年的今天，還必須為駐南韓美軍付出無謂的稅金。

美國對北韓的經濟制裁也會持續到最後。從歷史看，美國對中國、越南、古巴的經濟制裁也是如此。其他國家都已經解除制裁，美國仍然持續到最後才解除制裁。

對北韓干涉的中國與俄羅斯

文在寅總統如果採取強硬姿態的話，或許會趕走駐韓美軍，因為習近平與普丁可能會幫忙。中國與俄羅斯表面上都說希望維持朝鮮半島的和平，但是俄羅斯已經建設了連接北韓的鐵路，也在北韓北方建設了港灣設施。中國也已經建設了連接北韓的道路與橋樑。如果自己已經伸手拿到的土地，將被美國搶走，中國與俄羅斯或許會聯手趕走駐韓美軍。

我本來以為文在寅總統很聰明，最近卻不認為如此。我認為他將來會向美國屈服。如果南韓向美國屈服，朝鮮半島將大混亂，可能爆發戰爭。如果爆發戰爭，日本，不，全世界都會遭受波及。這真是愚蠢、瘋狂。全世界的戰爭幾乎都是從愚蠢、瘋狂的原因開始的。如果沒有爆發戰爭，朝鮮半島會成為非常棒的地方。

美國、中國與俄羅斯都在北韓拼命爭奪地盤，所以北韓經濟快速發展，全世界的資金流向朝鮮半島。日本由於歷史原因，所以不會大量投資南北韓，但是多少還是會投資。

北韓現在變化很大，令人目眩。我為了讓女兒們接受標準的中國話教育，我現在住在新加坡。但是若非如此，我或許會搬到北韓居住，因為南北韓現在即將進入很大的變革期。

第3章

中國——最接近世界霸權的國家

最先預言中國即將崛起的吉姆・羅傑斯於二〇〇七年從美國移居新加坡，理由是為了讓女兒們接受標準的中國話教育。美國掌握世界霸權的時代已經結束，世界的中心移往中國，因此吉姆・羅傑斯認為年輕人學習中國話有很大的好處。

下一個霸權中國經濟的強項在哪裡？相反的「中國風險」的要因是什麼？預測這個將來會左右世界的大國，也會知道日本、韓國以及世界經濟的走向。

中國潛在的爆發力

長期來看，中國會繼續崛起

例外的二世紀

如果被問今後支配世界的國家是哪裡？我會毫不猶豫地回答：「中國！」過去支配世界的是大英帝國。人口雖然不多，卻擁有許多殖民地。美國也長期間沒有增加人口，現在卻成為支配世界的國家。日本雖然大成功，卻沒有站上世界舞台。西班牙雖然曾經長期間支配世界，現在卻完全無聲無影。我認為，最可能獲得世界霸權的國家是中國。

我在著作《中國很牛：Money 都講普通話》（*A Bull In China*）中也說過，世界歷史上有三分之一的期間，中國一直位於頂尖，只有二世紀是例外。

中國領先世界，發明許多東西。帶給十五至十六世紀的歐洲很大的變革發明，火藥、指南針、印刷術被稱為「文藝復興的三大發明」，這都是中國領先世界發明的。

火藥是九世紀初發明，十三世紀蒙古遠征西方時，使用火藥。指南針也是九世紀初發明，世界最初的印刷品是七世紀半在中國印刷，當時紙已經發明了。十世紀時，木製印刷術已經發達，為了讓家家戶戶都有佛教經文，必須大量印刷。我們西方人從中國學到的東西實在很多。

過往的發明大國——中國，新商業將一一誕生。過去「製造東西」是日本的專利，現在中國才是「製造東西」的中心。

尤其值得注意的是有許多「獨角獸企業」。「獨角獸企業」就是估值十億美元以上的科技類未上市初創公司。二〇一七年，世界有超過兩百二十家「獨角獸企業」，其中約三成是中國企業，美國約五成。

這種企業群不斷出現的潮流，今後將會加速。中國每年產生的工程師是美國的十倍，是日本的十五倍。科技、工學、數學系畢業的學生數目，中國是美國的八倍，是日本的二十四倍，是世界第一（參考圖18）。

這實在是驚人的數字。中國的專利遠超過第二名的美國與第三名的日本，將其他追隨者遠遠拋在後面（參考圖19）。

中國的工程師很優秀，否則無法解釋百度、阿里巴巴、騰訊、華為（BATH）[註1]四

註1　BATH：為Baidu（百度）、Alibaba（阿里巴巴）、Tencent（騰訊）、HUAWEI（華為）中國四大IT企業的簡稱。

圖 18

各國 STEM（科技、工學、數學系）畢業的學生數目的比較

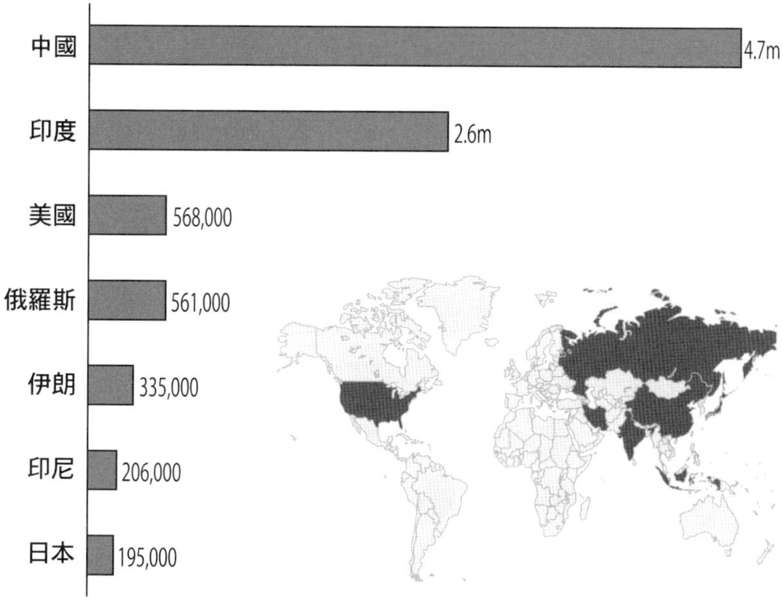

出處：《富士比》2017年2月2日根據「The Countries With The Most STEM Graduates」的資料，Niall McCarthy 整理。

圖 19

申請專利最多的 10 國

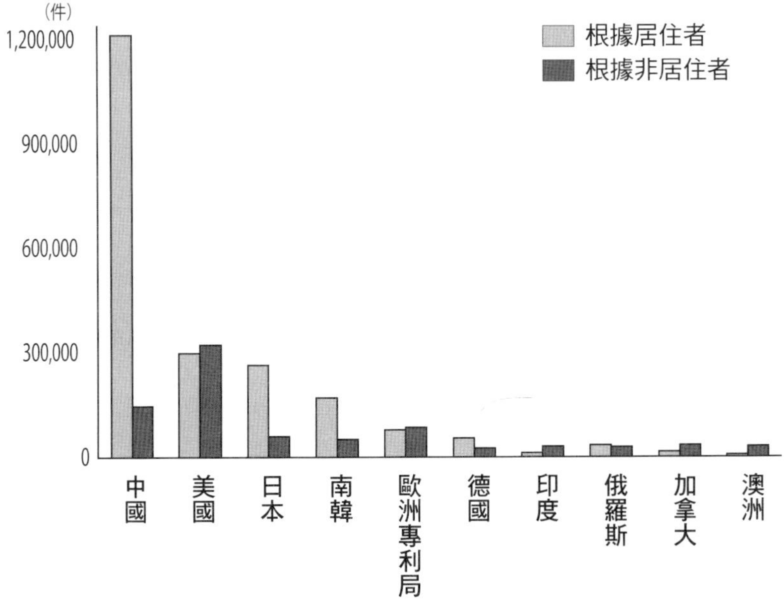

出處：根據世界智慧財產權組織（WIPO）統計資料庫 2017年9月Standard figure A8 資料整理。

圖 20

中國 BATH 與美國 GAFA 的比較
（單位：百萬美元，只有時價總額是億美元）

企業名	營業額	收益	排名	時價總額
谷歌	90,272	19,478	65	8,168
百度	10,161	1,675	—	854
蘋果	215,369	45,687	9	8,517
華為	78,510	5,579	83	—
臉書	27,638	10,217	393	5,454
騰訊	22,870	6,186	478	5,630
亞馬遜	135,987	2,371	26	7,048
阿里巴巴	23,517	6,489	462	5,232

註：時價總額計算至 2018 年 1 月底

出處：2017 年版 美國《財星》雜誌全球 500 大企業

家公司為何快速成長。

這四家公司的快速成長凌駕了美國的四家IT公司，谷歌，蘋果、臉書、亞馬遜（GAFA）[2]。二〇一八年，百度、阿里巴巴、騰訊的時價總額總計超過一兆一千億美元（華為是非上市公司）。阿里巴巴、騰訊的營業額與臉書差不多（參考圖20）。如果繼續保持現在的成長，二、三年之內可能超越臉書。

中國人才輩出的原因

中國人才輩出的原因之一是教育制度，亞洲式的教育比美國的教育內容還扎實。我的兩個女兒在新加坡的學校就讀，讓我知道亞洲式的教育比美國的教育還進步，對學生的要求很嚴格。

在美國，連我讀的耶魯大學，用功讀書的學生，會被視為書呆子而被嘲笑。在亞洲，用功讀書是美德，會被稱讚。

新加坡有全國小學畢業考試，成績發表當天，第一名學生與他父母親的照片會登在報紙上，還有其他很多成績優秀學生的相關報導。我覺得這就是亞洲人之所以優秀的原因。

註2　GAFA：為Google（谷歌）、Amazon（亞馬遜）、Facebook（臉書）、Apple（蘋果）美國四大IT企業的簡稱。

有時候，我會擔心這麼努力讀書好嗎？到了成人後會不會精力已經用盡？但是看我的兩個女兒，我發覺這是杞人之憂。

尤其中國很重視科技。鄧小平之所以能夠讓中國經濟如此成長，就是因為重視科技之故。毛澤東之後的中國領導者都是科技者，胡錦濤、溫家寶、江澤民以前都是科技者。

還有，中國有一句話：「先嘗試，後管制」，這是李克強總理提倡的方針。意思是先嘗試看看，有問題，政府再管制。人們認為中國的規制很嚴，因為是中央指令型的計畫。但是一部分認為的中國社會主義只是所有都國營的三十年前。現在帶領中國經濟的是民營企業、ＩＴ企業等「新經濟」。最近與中國創業的人見面，他們都說事業很容易進行。

如前所述，以教育為土壤，政府又有「先嘗試，後管制」的寬容態度，「新經濟」因而崛起，讓中國經濟快速發展。

貝加爾湖周邊成長的可能性

中國周邊有種種天然資源，這是很大的優點。尤其西伯利亞有黃金、石油、天然氣、森林資源等。有世界最深的淡水湖，面積世界第八的貝加爾湖，其湖底與周邊埋藏許多天然資源。

現在西伯利亞和極東地區，俄羅斯民族的人口比蘇聯解體時少二〇%。因為年輕有為的人為了追求成功，都到莫斯科了。但是這塊地卻密藏很大的可能性。

西伯利亞雖然是俄羅斯的領土，但是俄羅斯將其殖民地化的一六三六年以前，西伯利亞是中國與蒙古支配的地方。由於接近中國，已經有中國企業去發展了，今後會持續下去吧！

中國未來投資的三大標的：環保產業、基礎建設與健康／長照產業

一帶一路的構想將大幅構築中國的經濟

環保產業的發展可能性極強

我現在注意的中國股票是環保產業、鐵路等基礎建設與健康產業等領域。與日本、南韓一樣，觀光產業與農業也有可能性。

中國有嚴重的污染，印度與孟加拉也有嚴重的污染。中國現在投入龐大的資金解決污染問題，在這個領域於中國經濟之中也相當興盛。如果在中國從事環保產業的話，一定會大成功。

環保產業對於從政者而言，特別有人氣，因為會受國民歡迎。從政者可以堂堂正

正對聽眾說：「我喜歡清潔的空氣，不必向汙染者購買能源！」表明自己做了正確的事情。但是，美國與日本在環保產業上花費許多補貼金，也就是國民的稅金。許多國民不知道自己在環保產業上花費許多稅金。在環保產業上花費的成本比環保產業能夠產生的利益還多。中國現在沒有出現政治與環保產業勾結。沒有補貼金，照樣能夠運作。如果出現有競爭力的企業，一定會大成功。

中國的農業現在雖然看起來在底邊，但是今後將大幅成長。政府承認過去的失敗，所以為了農業與地方，什麼都會做。

其他重要的領域是觀光產業。第一章曾經敘述，中國人好幾世紀都無法自由旅行，現在很容易取得護照，約十四億人既想看看國內，也想看看世界，所以我持有數家中國系航空公司的股票。

一九八〇年代的日本與現在的中國是同樣的狀況。當時我居住的紐約，到處都是日本來的觀光客。美國人覺得不可思議，這麼多的日本觀光客究竟從哪裡來？派克大街、紐約北野飯店，出現設置塌塌米與茶室的日本式飯店。日本人成功了、有錢了，所以要到世界看看。日本被封鎖了好幾世紀，在這個情況下，一旦能夠出國，就會到世界任何地方。

現在日本人也常出國旅行。日本人口約一億兩千六百萬人，中國有十四億人。

十一倍的人到國內、國外旅行，影響如何大，你應該可以想像。

一帶一路將帶動基礎建設的景氣

中國有一帶一路的構想，這是二〇一三年習近平國家主席提出來的。習近平認為世界應該建築政治、經濟、文化的共同體，讓世界的秩序變成由中國主導的結構。在這個一帶一路的構想下，中國經濟的一部分將更加成長。我尤其看好基礎建設與鐵路事業。在全世界，中國的鐵路事業股票可說最安全。

無論如何，我建議的投資目標是「商品」。在中國投資最確實的方法，是購買中國人非買不可的東西。那就是國內不足的棉、鎳、石油，還有環保、農業、觀光、鐵路等領域。

一般投資人可能不懂中文，所以商品是最適合的投資對象。如果不懂中文，就無法知道要投資的企業採取什麼經營戰略。另一方面，要理解棉，比要理解中國股票簡單得多。因為棉若過多，就賣出，棉若太少，就買進。

人民幣今後仍舊強勢

二〇一五年由於人民幣貶值，引發中國股票暴跌。這被稱為「中國震驚」，人民幣貶值二%。如果是貶值二%，其他貨幣也常如此。第一，二〇一五年時的股價異常高。第二，即使下跌二%，也能維持之前的高價（參考圖21）。

不知何故，西方的媒體不了解中國，喜歡攻擊中國。雖然報導「人民幣貶值」，但是貶值二%是司空見慣的事情。

二〇一六年九月，國際貨幣基金組織（IMF）採用人民幣為「特別提款權」（SDR）。人民幣繼美元、歐元、日圓、英鎊之後，成為「第五貨幣」。

獨裁體制不好嗎？

有人說中國在共產黨獨裁體制之下，所以很難發展經濟，我要以兩點來反駁這樣的主張。

第一，從歷史上來看，獨裁體制對發展經濟有利有弊。

有利的例子是新加坡。新加坡可說是這四十年來最成功的國家，這完全歸功於有「新加坡的哲人」之稱的第一任總理李光耀的功績。新加坡不但沒有天然資源，連水

圖 21 **2015 年時中國的股價雖然異常，但是長期來看股價仍舊繼續上漲。**

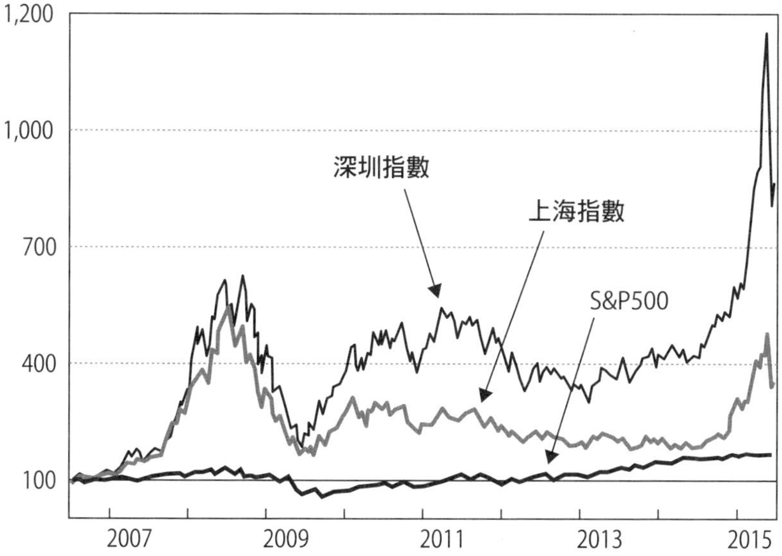

出處：美國 CNBC 財經新聞台 2015 年 7 月 28 日報導「解釋中國股市的 3 張圖」

都不充足，人口只有一百萬人的島國的經濟力，在人口超過五百六十萬的國家中達到一半。能夠如此成功，都是李光耀這個「獨裁者」之故。

李光耀公然說：「為了發展經濟，規律比民主主義重要！」國民對他的評價並非很好，但是他實現了驚人的經濟成長，尼克森、季辛吉、歐巴馬等政治家都到新加坡與他會談。

新加坡有這麼卓越的「獨裁者」固然很好，但是並非所有的獨裁者都像李光耀這樣有見識。有很多獨裁者很聰明，但是他們大多貪汙瀆職，看看剛果就知道了。幾乎所有的獨裁者都對國家沒有貢獻，權力使人腐化。

日本是一黨制度下成功的國家之一。從獨裁制轉變到寡頭制是一黨制度，一黨制度的國家容易營運。誰都會營運國家，但是要營運得好，那又是另一回事。日本在過去五十年間，可說是在一黨制度下最成功的國家。

現階段，中國也非常成功。中國也是以寡頭政治成功的國家，鄧小平及後來的領導人都很聰明也有見識。

現在的習近平國家主席如何呢？習近平所帶領的中國比以前還封閉。中國政府對全世界吹噓說：「美國很封閉，我們很開放。」的確有開放的一面，但是也有許多封閉的地方。如果習近平與鄧小平一樣優秀，即使封閉，中國也沒問題。中國在過去一百年間，幾乎沒有像鄧小平那樣優秀而有見識的領導人。習近平能夠成為鄧小平第二嗎？再過十年就知道了。

第二個理由是，在中國要成為獨裁者，必須經歷非常嚴格的過程。總書記要在約九千萬共產黨黨員的同意下，在每五年召開一次的黨大會選出。候選人必須在黨大會的數年前開始，向黨員顯示自己的實力。他必須經常在周遭人的注目下，從底層一步一步往上爬，經過三十年或四十年才能成為頂端的最高責任者，也就是共產黨的總書記。

在某種意義上，這是比美國的總統選舉還要公平的制度。在美國，電視很上鏡頭的有錢人，穿著體面的服裝，發表得體的演講，就能夠當選總統。

獨裁體制對經濟不一定是負面作用。完全要看獨裁者的能力與見識而定。中國的獨裁者經過嚴格的審查而產生，讓中國經濟有壞影響的不是獨裁主義，而是歐美、日本等他國。

中國風險在哪裡？

尋找巨人的阿基里斯腱

年年低下的出生率

中國的最大缺陷是出生率很低。

一九七九年實施的「一胎化政策」，讓二十年來的出生率一直低於人口置換水準（人口不增不減狀態的出生率）（參考圖22）。中國的出生率自一九六〇年代就一直下降，實施「一胎化政策」讓出生率掉到這個水準。

開始實施一胎化政策的三十年間，由於父母親希望生男孩，所以男女的比率發生不均衡現象。另一方面，由於高齡者增加，勞動力不足，因此二〇一四年改實施「單獨二胎化政策」（夫婦之中有一人是獨生子，就可以生第二子）。二年後廢除，生第二子正式合法。即使如此，中國人，尤其許多中產階級的人，不願生第二子。因為在

圖 22　中國的出生率一直下降

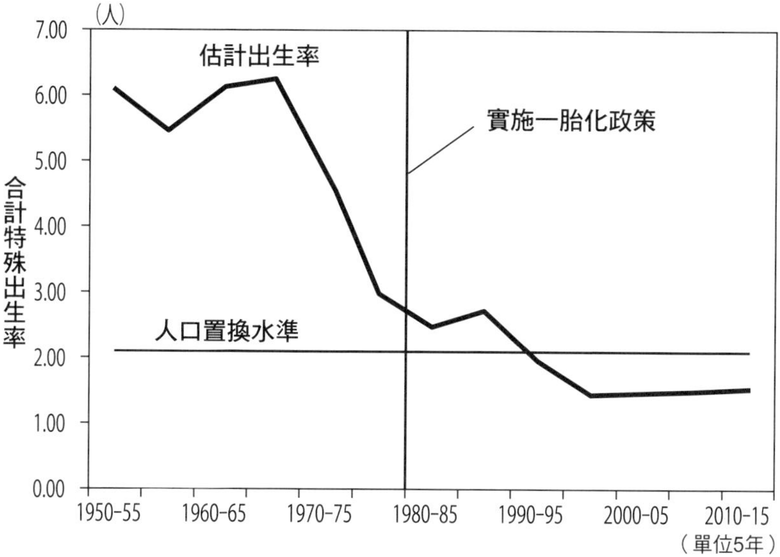

出處：蘇黎世聯邦理工學院（ETH Zurich）安全研究中心，於 2017 年 5 月 24 日提出「中國對於低生育率的政策反應，太慢太不重視。」

都市，養育孩子要花費許多錢，生第二子負擔太沉重。就像日本與南韓一樣，長期來看，少子化是使勞動人口減少，以及讓年輕人負擔增加的主要原因。

亞洲各國與日本一樣都討厭外來移民。許多中國人與韓國人都移民國外，諷刺的是，這兩國接受的外來移民很少，這個傾向將來可能會引起人口減少，造成大問題。

貧富差距擴大

另一個問題是都市與地方的貧富差距。都市與地方的社會保障不同，這擴大了貧富差距。地方的人為了追求成功，都想去都市。

中國政府現在不遺餘力地協助地方。由於中國現在有三兆兩千萬美元，世界最多的外匯存底（參考圖2），增加財政支出沒有問題，問題是將金錢拿到真正需要的地方。

銀行不會借錢給小企業或地方的企業，那些企業也不會向銀行貸款。所以政府必須主動實施政策，提升地方的生活水準，刺激消費。

具體的說，在全國設立援助創業的「革新中心」，讓地方政府發行由投資收益還債的債券以及特別目的的債。也可以特別貸款，現在大都市的北京很歡迎農業從事者。

快速增加國債是危險訊號

這幾年繼續增加的借款是一大問題。

中國內外債務規模於二〇一七年時超過兩百五十五兆元人民幣。對GNP比為很高的三四二・七%。債務對GDP比於二〇〇八年起很難挽救的繼續上升，超越三〇〇%是在二〇一七年（參考圖23）。

如在序章所述，由於任何一個國家都不貸款給毛澤東，所以中國好幾年都沒有借款。

但是自從二〇〇八年政府發表大規模經濟對策以來，大家都競相貸款給中國。二〇〇八年底起，中國的債務增加額是GDP的一〇〇%，超過美國到二〇〇八年十年紀錄的兩倍，雖然不像日本那麼多，也是非常快速增加。由於中國從來沒有負擔過這麼龐大的債務，所以不知如何處理。日本與很多社會都曾經有負債的經驗，但中國不知如何解決。

不只是國家，企業與自治體的債務也很龐大。遲早哪一個企業、都市、地方會破產。但是中國政府明言即使破產，也不會拯救。諷刺的是他們雖然是共產主義國家，卻比美國、日本還資本主義。中國自從一九七八年鄧小平說：「我們必須採取行

圖 23　中國對 GNP 比債務餘額 10 年成為 2.5 倍

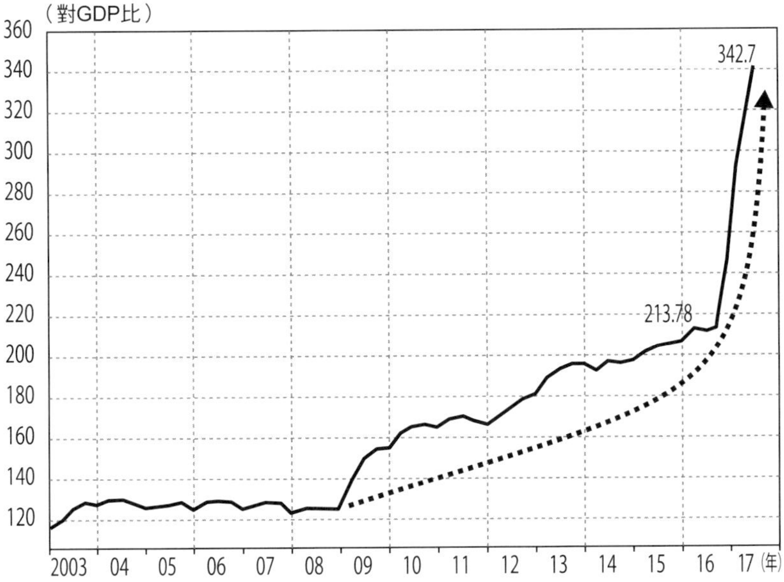

出處：線上平台 Medium 於 2017 年 10 月 7 日刊載「2019 年澳洲的資產負債表危機」

動才行！」就一直走資本主義化的道路。這四十年來成為越來越開放的市場。

與此相對的，美國、日本還有幾個資本主義國家，採取銀行國有化以及救濟企業等簡直是社會主義化的政策。

一九九〇年代初期，日本泡沫經濟崩潰時，政府努力不讓任何一家企業破產，結果產生「殭屍企業」與「殭屍銀行」。本來無能的企業與人都必須被淘汰，讓有能的人重建一個新而健全的公司，日本卻做了相反的事情。政府介入，拿走有能人的資產，交給無能的人，然後說：「拿那些錢與有能人競爭」。「殭屍企業」與「殭屍銀行」胡亂花費有能人的錢，它們是過多保護主義產生的。

泡沫經濟崩潰後，日本之所以經歷「失落的十年」，就是這個緣故。然後繼續「失落的二十年」，現在進入「失落的三十年」。

雷曼兄弟倒閉危機後，美國也發生同樣的事情。救濟應該破產的企業，提供退休金給應該關進監獄的罪犯。結果美國成為史上最大的債務國。美國的企業已經無法在世界上與別人競爭。英國也是一樣，企業雖然欠一屁股債，英國政府仍舊不讓這個企業破產。

東方航空公司（一九九一年倒閉）的執行長波曼說：「沒有破產的資本主義，如同沒有地獄的基督教！」把應該送到地獄的人，放置不管，這個世界就會成為地獄。

也有與美國、日本相反的例子。瑞典於一九九〇年代初期，與美國一樣經歷不動產泡沫經濟崩潰，政府沒有採取過度干涉的救濟措施，因此雖然經過二、三年的悲慘經驗，之後就轉變成好景氣。現在瑞典經濟的健全是世界首屈一指。一九九四年的墨西哥，一九九〇年代末期的俄羅斯與亞洲也發生同樣的事情，每一個國家都經歷最糟的狀態，但是忍耐過後，就成長成足以信賴的國家。

我希望中國也是如此。希望中國政府的明言不只是威脅，而是很認真。雖然不採取救濟措施，會讓包括我在內的許多人擔心。

給中國經濟的箴言

即使如此，我不得不說中國經濟現在仍舊受到太多的保護。例如在日本和德國，想買股票的話，只要打電話給營業員就行了，但是在中國卻不行。

一九八八年我第一次買股票時，在雜居大樓的交易櫃台，從營業員手中拿到股票，像畢業證書那麼大張。股票與收據都必須有官員蓋章才行。官員若無其事地在打算盤，我急著說：「請快一點，股價要上漲了！」與那時相比，現在，尤其是這十五年間股市相當開放，但是仍舊完全比不上其他國家。

還有，將許多金錢關在國內也是一大問題。日本可以將金錢自由帶出國外，如何使用自己的錢是個人的自由。中國無法如此，帶出國外非常困難。所以除了買不動產之外，沒有其他使用方式。現在不動產業界之所以出現泡沫狀態就是這個原因。中國政府必須早日解決這種歷史殘渣。因為現在不是一百年前的一九一八年。而是已經進入二十一世紀很久了。

中國政府必須早日解決的與其是少子化、都市與地方的貧富差距、借款，不如是這個封閉經濟。中國經濟受政府操縱的部分太多。人民幣就是受政府管理的貨幣。

從世界來看，人民幣遲早會成為美元以外的流通貨幣，所以人民幣必須更自由變動才行。

另一個中華經濟圈：台灣、澳門

被大國左右還是走自己的路？

台灣會被統一嗎？

中國遲早會統一台灣。到中國時，說：「台灣是中國的一部分！」會受中國人歡迎。雖然台灣主張「中國只有一個，我們就是中國，我們應該統治大陸。」無論如何，雙方都同意中國與台灣同屬一個國家。所以遲早會逐漸成為一個國家。

五十年前，不，三十年前，中國東南的海邊設有刺鐵絲網，槍都朝向台灣。台灣的海邊也設有刺鐵絲網，槍都朝向中國。

現在當然不是如此。二十年前，從中國無法去台灣，必須先到香港，再去台灣。現在無論坐船或搭飛機，來往中國、台灣都很自由。許多中國人都造訪台灣，變化正在發生。

最後大家都會接受中國統一台灣。從這三十年的變化就可知道。

鴻海的企業併購未來也會持續

台灣的鴻海於二〇一六年買下夏普，讓夏普呈現V字恢復（參考圖24），這在日本成為很大的話題。

不只是日本，鴻海也買下美國與歐洲的企業。鴻海擁有豐富的資金與知識，今後這種併購行動將會加速。

一百年前美國的企業併購許多公司，兩百年前英國的企業併購許多公司，世界就是這樣運作。今後中華系的企業將扮演這樣的角色，所以我的兩個女兒現在在新加坡學中文。

一百年後的澳門會失去經濟立足點

中國的特別自治區澳門的「依存博弈經濟」陷入苦戰。如果中國或其他地區產生新的博弈設施，澳門將遭受更大的打擊。例如日本今後打算設立博弈設施，南韓也要

圖 24　鴻海買下夏普之後，夏普業績就呈現 V 字恢復

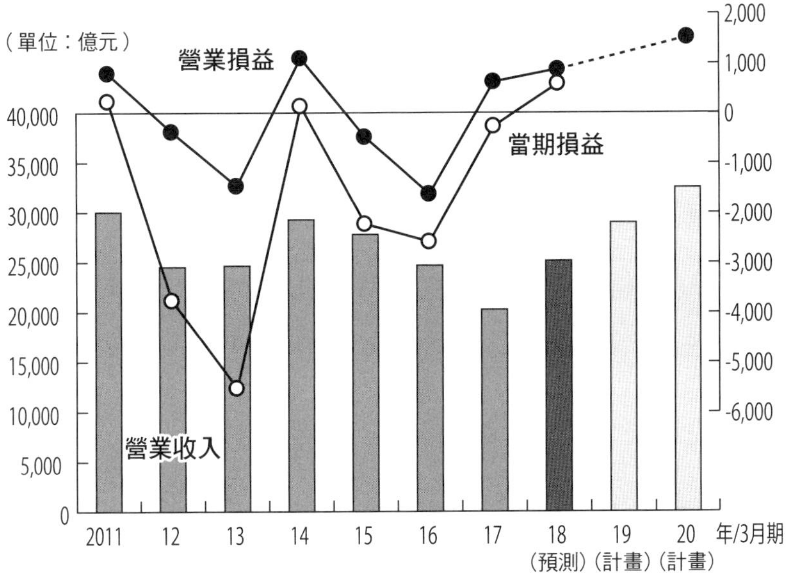

出處：2017 年 5 月 29 日《工業新聞》報

增設博弈設施，北韓也可能設立博弈設施。新加坡十年前還沒有博弈設施，現在有兩個博弈設施。澳門的競爭對手越來越多。

澳門沒有從事農業的土地，觀光業也已經盡力，沒有改善的餘地。或許可以降低物價，吸引觀光客。美國也有許多城市或街道設有博弈設施。不過那都在原住民保留區，是偏僻的鄉下，除了博弈設施之外，沒有其他產業。澳門也陷入這樣的狀態。

美國的拉斯維加斯是靠博弈設施成功的第一個城市，現在仍很興旺。但是一百年後，有些人可能沒有聽過拉斯維加斯與澳門的名字。

日本今後打算設立的博弈設施，由於很新鮮，可能會吸引許多外國人。日本的品質世界第一，所以日本博弈設施的品質也會是世界第一。因此，鄰近各國的幾個博弈設施或許會倒閉。

如果日本的博弈設施由小企業經營，我或許會買其股票。但是，如果是經營拉斯維加斯與澳門博弈設施「桑德斯（Sands）」的子公司，我就不會買其股票。與加盟連鎖店一樣，如果是大企業的一部分事業，就沒有投資價值。因為那種股票雖然風險很低，報酬也很少。

中美爭霸戰的勝利者

中國的基本面雖然很好，美元仍會繼續升值

貿易戰爭愚蠢至極

二〇一八年七月六日，中美兩國互相提高製品的進口關稅，這真是愚蠢至極。貿易戰爭沒有勝利者，對任何國家都是負面。進行貿易戰爭的當事者當然受害，其他國家也遭受影響。

川普總統似乎以為會在貿易戰爭中獲勝，錯了！他以為自己比歷史聰明嗎？回顧歷史，貿易戰爭沒有好結果。

看看最近的金融市場就知道了。美國、中國、日本，所有的國家，物價都上漲。媒體雖然沒有報導很糟，但是實際狀況如此。不要被假新聞騙了，中國的經濟專家指出「中國經濟因為貿易戰爭遭受很大的打擊」！中美如果不簽署貿易協定，不只是兩

國，近鄰的日本、南韓等許多國家都會遭受影響。

中美的股市當然有貿易戰爭以外的因素夾雜其中，增印鈔票、減稅等同時發生。貿易戰爭剛開始而已，還未對股市產生很大的影響。經濟危機不是一兩天就會發生。到對經濟有實際影響，還要很長時間。

下跌行情大致如此發生。二〇〇八年，雷曼兄弟倒閉危機造成世界股市暴跌。二〇〇七年四月，美國第二大次級房貸公司「新世紀金融」申請破產保護，同年七月，評價機構大幅下降房貸擔保股票。十月，大投資銀行美林銀行的執行長負起經營責任辭職。二〇〇八年五月，美國大投資公司貝爾斯登瀕臨破產，大家開始感覺情況不對而不安起來。四個月後，二〇〇八年九月，雷曼兄弟爆發倒閉危機，這時，誰都知道事態嚴重。

危機每次都像這樣發生。在誰都沒有注意到的地方開始，然後像滾雪球似的越來越大，當電視報導時，大家才知道事態嚴重。從歷史上看，下跌行情也是在誰都沒注意的時候開始，最後讓許多國家遭受大損。

未來十年，美元仍會繼續升值

今後十年，美元對人民幣將會相當升值。不只是人民幣，對其他貨幣也將升值。社會發生混亂時，大家都會尋找安全的避難所。從歷史上看，世界上唯一的安全避難所是美元。在很久以前是英鎊，現在是美元。經濟越是惡化，買美元的人越增加。

能夠取代美元的其他貨幣只有人民幣。歐元毫無疑問會崩潰，英鎊已經破滅了，瑞士法郎的規模很小，日圓不可能，唯一能夠對抗美元的只有人民幣。

美國的財政部很久以來就認為中國是「操作外匯國」，而予以監視。他們認為中國有控制外匯匯率的嫌疑，美元因此而升值。現在中國是「操作外匯國」，已經成為外交問題，認定基礎變複雜。將來或許人民幣會凌駕美元，那當然必須擺脫管理貨幣。可是人民幣現在還無法買賣，所以人民幣要成為流通貨幣，仍舊是夢想。

我持有的美國股票非常少。美國股市於二〇一八年底創下史上最高價。與此相對的，中國股市於二〇一五年創下史上最高價後，現在下跌了六〇%。我認為下跌六〇%，今後上漲的可能性很大。

美國在經濟面與軍事面都太大，就連地理位置過於強大，因此將來只有衰退。但是全世界還沒有能夠取代美國的國家，中國雖然最有可能，但是要取代美國，掌握霸權，還要一段時間。

英國從第二次世界大戰前開始衰退，現在已經沒有昔日霸權的形跡，然而英國不會從地圖上消失。同樣，美國即使衰退，也不會從地圖上消失。

歷史上只有中國三度繁榮

中國經歷數次經濟危機，最後都安然度過。據我所知，歷史上只有中國三次繁榮。中國也經歷三次崩潰。飽嘗數十年、數世紀身居底邊的滋味，好轉，爬到世界的頂尖。真是令人驚異的國家！

中國的強項是什麼？不是宗教。因為中國的主要宗教因時代而改變。這數十年來，沒有明顯的宗教。

也不是自然環境，因為空氣和水都被汙染了。

似乎與中國哲學有關係。中國自古以來的教育就重視技術，儒家特別尊重教師與學者。

儒家尊敬父母親，中國的父母親是否產生很大的影響？

或者三次站上世界頂點，榮譽感是要因？理解三次崩潰的原因或許就能夠知道中國力量的出處。我身處中國文化之中，一直在思考中國的強項是什麼？

第4章

環伺亞洲的大國

——美國、俄羅斯、印度

要預測東亞經濟的未來，必須思考幾個大國，那就是環伺亞洲的大國——美國、俄羅斯、印度。

景氣不錯的美國經濟遲早會邁向悲劇；印度仍然不是「真正的國家」；俄羅斯則是值得期待的國家。本章節可以看出吉姆・羅傑斯這位經濟預測家，如此預測的原則與想法是什麼？

美國股價上升後的真相

中美貿易戰爭帶來的噩夢

美國只有一部分的AI公司股票上漲

在談論海外情勢時，必須提到的國家是美國。美國經濟雖然繼續衰退，但是現在仍舊是世界第一的經濟大國。美元是世界的基礎貨幣。

這個狀態今後短期間不會改變。

二〇一八年底美國股票達到高價。籌措資金很容易，加上川普的減稅政策，即使有利空消息，美國股市仍舊上漲。現在發生的全都是「噪音」。這個「噪音」遲早會消失。市場已經開始預測二〇一九年之後的動向。到二〇二〇年之前，什麼時候會結束上升趨勢，美國會邁向悲劇？

市場之所以會產生「噪音」，是因為現在上漲的基調非常不均衡。美國股市上漲的只有FAANG臉書、蘋果、亞馬遜、網飛（Netfix）、谷歌。如果這些高科技股沒有上漲，道瓊、標準・普爾500（S&P 500）指數、納斯達克綜合指數等主要股價指數不會創下史上最高價（參考圖25）。只有一部分個股上漲，拉拔主要股價指數上漲，這是異常的狀態。這種狀態不可能一直持續下去。

美國現在在川普政權下，實施保護主義政策，歷史上從來沒有一個國家靠保護主義政策，贏得貿易戰爭。

一九二〇年代美國關稅法造成的悲劇

從歷史上看，有許多貿易戰爭帶來悲劇的例子。

一九二九年，美國的股市景氣很好，被稱為歷史上最棒的十年。當時美國議會要通過關稅法，這是非常重的關稅。大約兩千名美國著名經濟學者聯名登報紙廣告：「關稅法對美國經濟有害無利！」但是議會仍舊通過關稅法，總統也簽名。

就在這時，股市暴跌。一九三〇年代影響世界大恐慌，之後，爆發第二次世界大戰，全世界的經濟崩潰。這都是因為美國於一九二九年發動大規模貿易戰爭之故。

即使如此，川普仍舊認為貿易戰爭是正確的行為，美國一定會獲得勝利。誰都沒

圖 25 美國股市之所以上漲，是因為一部分高收益企業上漲之故

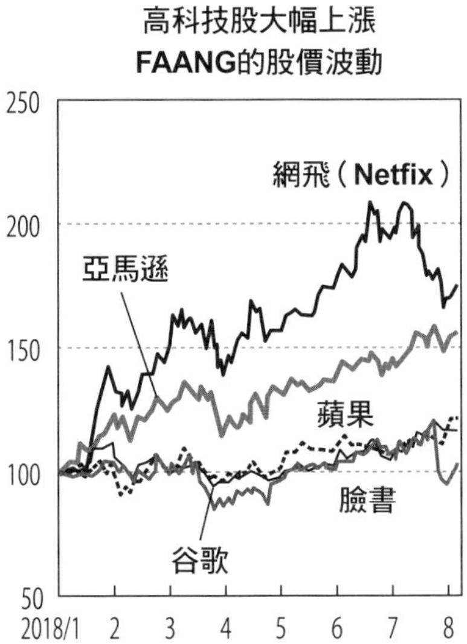

註：以年初為 100 的指數變化。

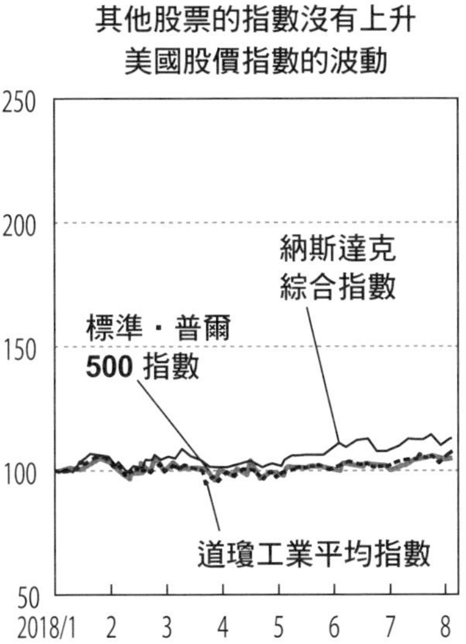

註：以年初為 100 的指數變化。

出處：《日經金錢雜誌》2018 年 10 月號

有告訴他，貿易戰爭不會有好結果這個史實嗎？或者川普認為自己比歷史還要聰明？認為自己可以控制歷史。他似乎在說：「不必擔心，我是川普，我會贏得貿易戰爭，貿易戰爭對美國的未來有好處。」

有人說：「川普的政策是他想提高支持率的表演。」不管是不是表演，他的言行錯了。

貿易戰爭對商品造成的影響

由於川普的關係，他的支持者受到打擊。美國是世界最大的大豆生產國，生產量的五七％輸出到中國。對美國的大豆生產者而言，中國是很重要的客戶。但是川普發動貿易戰爭，中國就將進口美國大豆的關稅提高二五％。並且改成從墨西哥進口大豆。結果美國產大豆的價格於二〇一八年二至四月間下跌二二％。

生產大豆的是農民，而有許多川普的支持者是農民，他們遭受打擊，因為最大的客戶說：「我們不要你們國家生產的大豆！」換言之，川普開始在美國製造敵人。

鋼鐵也是如此。美國產鋼鐵的價格現在上漲五％至一〇％。美國最老的鋼鐵廠商估計二〇一八年的營業收益比前一年增加三倍。但是，汽車與洗衣機是用鋼鐵製造的，美國有超過三億人使用汽車與洗衣機。為了保護少數勞工，美國所有的物價都上漲。

真正的貿易戰爭何時爆發？

貿易戰爭無法奏效的原因在此。也就是說，為了保護少數勞工，有更多的人都必須吃苦。但是幾乎沒有人注意到這點。蘋果等產品在中國製造，所以價格上漲時，有些人或許會注意到，但這還要一些時間。

政治人物總是在歷史上犯錯。美國與日本的政治人物也是如此，不能聽信他們的甜言蜜語。

如果事態開始惡化，川普或許會採取真正的貿易戰爭。川普一直說貿易戰爭是好事。川普就任時，就有人知道貿易戰爭毫無價值，可是他們已經離開政權。現在留在政權的人物都認為貿易戰爭是好事，而且美國會是勝利者。

美國的股市現在雖然在上漲，但是在二〇二〇年開始惡化時，川普就會怪罪給中國人、日本人與韓國人，川普是會把任何壞事都怪罪給別人的人。如果採取貿易戰爭，世界的股市就會進入熊市（下跌行情），經濟狀況會更加惡化。或許川普會認為解決方案是採取更多貿易戰爭，那當然大錯特錯。

但是，貿易戰爭也並非全無好處，如諺語「颳風的話，賣澡盆的人就會賺錢」（因為颳風的話，天氣變涼，日本人就會泡熱水，以防感冒。而泡熱水，需要澡盆。）所述，無論颳什麼風，都有人受益。

中美貿易戰爭如果真正展開，首先受益的是俄羅斯農業。世界的農業都在悲慘狀態，只有俄羅斯農業會繁榮。美國如果制裁俄羅斯農業，俄羅斯無法輸入，只好努力自給自足，俄羅斯農業就會更加繁榮。

槍枝製造廠商也是如此。如果發生嚴重的經濟問題，大家就會厭惡外國人。從政者看到這個機會，就會煽動地說：「外國人很可惡，現在是我們反抗的時候了！」被煽動的國民認為若要與外國人戰鬥，必須擁有槍枝，因而花錢買槍枝。

印度經濟的謎團？

印度是一生要去一次的國家，可是現在還不算真正的國家

印度有國家的魅力卻沒有大國該有的實力

除了美國，印度也是不能忽略的國家。

印度雖然長期以來與中國在領土問題上對立，可是最近在經濟領域互相協助。將來中國或許會領導世界，但是印度不會成功。

印度有世界最壞的官僚制度，印度使用的語言也有數百種，也有許多民族與宗教聚集。這樣下去的話，不會成為真正的國家。一九四七年，英國說：「印度今日起終於成為國家！」可是作為一個國家，印度今日還在成長途中。

即使如此，印度還是一生要去一次的國家。豐富的自然，多樣的語言、宗教，稍微在街上走動，就會映入眼簾。男女性都容貌端麗，也非常聰明，許多人大成功而成

為億萬富豪。

如果一生只能去一個國家，應該造訪印度。這是你從來沒有看過的國家。

真正該注意的是俄羅斯經濟

被大家嫌棄的地方才有投資利益

俄羅斯的投資標的

我無法理解俄羅斯為何受許多人輕視？我五年前雖然對俄羅斯悲觀，最近卻改變成樂觀，我現在投資俄羅斯許多企業。

我持有俄羅斯肥料業的個股。俄羅斯農業之所以繁榮的原因之一，是政府受到制裁。糧食無法自由進口，必須自己栽培才行，農業因而繁榮。農業一繁榮，肥料的需求自然大增。所以我才投資肥料業。

另外，我還持有航空公司的股票。航空業界在俄羅斯仍舊是不成熟的產業，俄羅斯有許多這樣的公司。我還擁有俄羅斯的ＥＴＦ（ERUS），俄羅斯的證券交易所只有三十年的歷史，是新的領域，幾乎沒有海外投資家想要投資。二〇〇八年俄羅斯的股價創新高，現在則只剩一半，會是很好的投資標的。

現在最值得買國債的國家

值得注意的是俄羅斯是債務很少的國家。之所以債務很少，是因為誰都不願借錢給俄羅斯，和以前的中國類似，沒有國家願意借錢給毛澤東。現在的北韓也是如此，由於沒有人願意借錢給金正恩，所以北韓的債務很少。因此朝鮮半島若統一，北韓比南韓還占優勢。因為南韓有貸款，北韓沒有。

我持有俄羅斯的國債，幾乎都是短期債，理由是短期債比較簡單。俄羅斯的長期債雖然獲利較多，但是購買短期債比較簡單，而且利息很高，報酬差不多。而且不必深思熟慮，我是懶惰的投資家，所以選擇不必深思熟慮的短期債。長期債變動較大，獲利雖然或許較多，但是必須花腦筋思考，比較辛苦。

我認為現在最值得買國債的國家只有俄羅斯。世界各國對利息的發言很大膽，令人害怕。俄羅斯的利息還好（二〇一八年十一月時為七・五％），雖然已經在高檔，但是還不會下跌。現在每一個國家的利息都下跌到有史以來最低，這是前所未見的情形，令人嘆息。

美國的債券市場過去三十五年間是上漲行情。但是今後三十五年美國債券會上漲的可能性很低，其他的國債也是如此。所以從二〇一九年起，暫時除了俄羅斯的國債之外，購買國債都不是明智之舉。

海參威的發展可能性

現在普丁總統在海參威投入龐大資金，想要開發極東。俄羅斯自一九九七年以來，每年在聖彼得堡舉辦「聖彼得堡國際經濟研討會」。普丁總統從二〇一五年起也在海參威舉辦這樣的研討會，取名「東方經濟研討會」。以促進外國投資俄羅斯極東為目的，邀請世界的參加者，每年九月召開。二〇一八年我也參加。

普丁總統當然也出席，普丁總統想要在海參威設立一所很好的大學。海參威雖然已經有一所極東最大的綜合大學「極東聯邦大學」，但是要比「極東聯邦大學」規模還大，像牛津大學那樣，至少是俄羅斯最大的大學。

過去我曾經騎機車橫越俄羅斯。當時幾乎沒有道路，現在則到處都有高速公路與橋，是普丁總統他建設的。

現在世界上有幾個令人興奮的都市，海參威就是其中之一。我之所以想去海參威，就是想親眼目睹這個令人興奮的都市。

西伯利亞地方有很大的機會，尤其是與中國的國境附近，有豐富的天然資源。西伯利亞以前是中國的領土，一百年前建有鐵路，現在有許多中國人居住，中國企業也前往發展。普丁應該知道西伯利亞遲早會被中國占領，所以現在在靠近西伯利亞的海參威投入龐大的資金，俄羅斯想盡辦法更加開發極東。

不要被媒體反俄的政治宣傳給騙了

許多人討厭俄羅斯，大家討厭俄羅斯的原因是歐美媒體的反俄羅斯宣傳。美國的宣傳有時很有效，例如從二〇一四年起的烏克蘭內戰，犯錯的是美國。我認為親俄羅斯派的抗爭之所以惡化，是因為美國軍事介入之故。但是，美國將自己造成烏克蘭混亂的事情束之高閣，把責任全部推給俄羅斯，許多人以為真的是如此。這與南韓什麼都怪罪給北韓類似，南韓許多問題的原因是在駐韓美軍。

俄羅斯自二〇一四年以來就受到歐美的經濟制裁，從二〇一七年至二〇一八年，美國又強化制裁。

此外，川普總統批評俄羅斯供給武器給敘利亞阿薩德政權，說：「俄羅斯小心一點，我要從敘利亞朝你們發射導彈！」之後數小時，俄羅斯股價就暴跌一二%。

的確，短期而言，經濟制裁或許會讓對方驚嚇，但是最後沒有效果，因為對方會學習如何避免遭受壞影響的方法。

俄羅斯的農業反而因為經濟制裁而繁榮。無法進出口到美國，俄羅斯只好將重點放在國內需求上，結果以此為契機，俄羅斯的經濟好轉，真是諷刺。美國越是想打擊俄羅斯，俄羅斯的農業越是繁榮。

現在莫斯科機場與紅色廣場，到處都是中國人，六年前幾乎沒有中國人。川普越是打擊俄羅斯，中國與俄羅斯越親密。

俄羅斯的股價受石油價格很大的左右。由於俄羅斯的大半收入是來自於石油，所以石油價格若下跌，就會讓俄羅斯受損。

一國的股價受一或二或三個製品或產物的股價所左右，也有其他的例子。例如棉的股價與巴基斯坦的股價有密切關係，因為棉是巴基斯坦最大的輸出品。尚比亞也相當依賴銅，所以買銅的股票與買尚比亞的股票是一樣的意思。石油雖然不是俄羅斯唯一的產物，但是在談俄羅斯時，的確很重要。沙烏地阿拉伯也是如此。

所以有人說投資俄羅斯，不如投資石油比較簡單。我買進俄羅斯股票的理由是大家都沒有注意到，所以很便宜，而且俄羅斯債務很少。

我第一次到俄羅斯是在一九六六年，我回國時帶著非常悲觀的心情。之後五十年依舊抱著悲觀的心情。

但是二〇一四年時，我的想法改變了。因為俄羅斯人正要改變，我也必須改變才行，現在我對俄羅斯抱著樂觀的心情，俄羅斯被全世界討厭，我喜歡被討厭的人與物。辛巴威、委內瑞拉、土耳其也是如此。

第5章

不要遲了！快跟上世界經濟浪潮

到前章為止是談改變中的世界經濟，本章則是更具體地談「現在必須做什麼呢？」若要成功的話，就必須投資自己很理解的領域，獲得利益後，首先到海灘好好休閒度假。投資半世紀，一度失去所有財產的吉姆・羅傑斯，他的投資哲學其實很簡單。

本章還會探討現在世界經濟中金錢的流向，以及現在應該投資的對象是什麼？以及現在必須具備什麼技術？傳授給各位今後要活得好的智慧。

投資雖不易，還是有學得會的祕訣

雖然沒有捷徑，但是有錢滾錢的方法

不要別人推薦什麼就去買

投資者當中，有人一大早就確認股市行情，有人先看時事新聞。五十年前，投資者會先大致看看報紙，也有人聽收音機或看電視吸取資訊。我是看電子郵件。每天起床第一件事就是打開電子郵件，看看有沒有什麼驚人的消息。

許多投資者都擁有投資網絡。我則是單打獨鬥，今後也會持續單打獨鬥。我不太跟投資業界的人討論事情，因為根據過去的經驗，聽別人的建議，大多會虧損。也有人蒐集投資業界的資訊，靈活運用。我不是那種類型。所以很少聽別人談論投資的事情，也絕不聽別人的建議。

相反的，若有人問我：「你想買什麼個股？請告訴我」時，我是不會回答的。我若回答，對方認為是吉姆・羅傑斯看中的個股，所以無論什麼股票，也會買進。即使我隨便說一支個股，對方在根本不理解這支個股的情況下，也會買進。這種人，不只是我的建議，就是報紙或別人說的話，也一律聽信，從不思考就買進。這真是愚蠢的行為！

說一件真實的事情，二十四年前我在電視上說我放空墨西哥股票，因為我認為墨西哥的經濟會很糟糕，我就在紐約證券交易所放空「墨西哥基金」。令人驚訝的是三星期後，墨西哥經濟真的變很糟糕。墨西哥幣大貶值。墨西哥緊急接受各國超過五百億美元的援助。

不久，我又在電視談論墨西哥經濟變很糟糕時，一位觀眾打電話來說：「混蛋！吉姆・羅傑斯」。原來他聽到我在電視上說「墨西哥基金」時，居然買進！而我是放空「墨西哥基金」。對方沒有仔細聽完我的話，並且也不調查「墨西哥基金」這支個股，才會發生這種事情。如果仔細聽完我的話，也放空「墨西哥基金」的話，就會大賺一筆。還有許多這類故事，所以我不談特定的個股。

吉姆・羅傑斯的「情報入手法」

我參考的資訊是從普通市井傳來的電子郵件，日常的電子郵件隱藏著可以參考業界動向與股價波動的訊息。我參考這些訊息，思索、調查，然後付諸行動。

我也看報紙，以前看兩種以上的美國報紙，加上英國、加拿大、日本等五國報紙。現在則減少成兩、三國報紙。《日經新聞》以前就一直在看。

我現在看的報紙是《金融時報》。《金融時報》雖然已經被日經新聞併購，但是我仍把《金融時報》當作英國的報紙，不，應該說國際的報紙在看。其他還看新加坡的《海峽時報》與《商業時報》。

我之所以減少閱讀報紙，是因為現在網路很發達之故。現在靠網路就可以閱讀全世界的新聞，尤其關於外國的動向，網路很方便。閱讀五國報紙是網路還不發達的時候。

學歷與成功無關

從以前開始人們就重視接受教育，擁有學歷。我也認為重要，至少在找工作時有用。

不過，有好學歷，不一定會成功。我畢業的耶魯大學，留學的牛津大學，兩者都是世界名門大學。但是，耶魯大學與牛津大學出來的學生，大成功的不太多，這是有名大學的現實狀況。

我認識許多牛津大學出來的學生，他們說：「我是牛津大學出來的學生，所以我要成為富豪，大成功！」但是世界才不管你的學歷如何，尤其你畢業踏入社會，重要的不是你畢業哪所大學，而是你的工作表現。

我的兩個女兒，二〇一八年時一個十歲、一個十五歲，我告訴她們：「在學校要拿好成績，不過拿好成績，不一定會成功，甚至可能失敗。」拿好成績，在未來謀職時，可以選擇自己喜歡的工作。

有沒有進入東京大學都無所謂，那是你的選擇，只是若成績不好，你連選擇是否進入東京大學都不行。就這個意義而言，好成績很重要。教育很重要，但是接受好的教育，不一定會成功。但這不是教育有問題，而是因為教育給我們有用的技術，並且讓我們在未來謀職時多一些選擇。

如果正確投資，就能錢滾錢

我的兩個女兒出生時，我送她們的禮物是豬的撲滿。而且我買了許多豬的撲滿，有的存美元，有的存新加坡幣。我絕不是希望她們成為貨幣投機者，我想從小教她們除了自己居住國家的貨幣以外，也必須儲蓄其他國家的貨幣。

投資是使用自己的錢，若想全部用完也可以，不過一定會後悔。因為如果知道儲蓄，即使利息很少，也可以賺錢。

我從十三歲起就打工，賺到的錢就存到銀行。我的故鄉是阿拉巴馬州一處偏僻的地方，所以賺不到多少錢。即使如此，存到銀行，就可以拿到利息，這是我對儲蓄最初的體驗。我也想教兩個女兒工作然後儲蓄，我認為從十幾歲起就必須學習勤勞與儲蓄的所得是很有價值的事情。

如果學會投資，就可以錢生錢。自己不工作的時候，錢也會為你工作。這不是一件很棒的事嗎？你在公園玩，或去看棒球比賽，錢都會為你工作。投資的話，你的錢就一直在為你工作。一旦正確施行，你會比以前更富有。這雖然不是一條簡單的路，但只要努力讀書、調查，一切就有可能。將來成為富豪，不僅是你自己滿足，你的兒子、孫子也滿足。使用智慧正確投資，錢會生錢，這是投資有趣的地方。

對我而言，投資另一個有趣的地方是投資股票的時候，總是身處變化的漩渦中。所有的事，每分鐘、每小時都不斷變化。彷彿拼圖上的小片時時變化一樣，這不是簡單的事情。不過，對我而言，最刺激的是能夠與世界上的人經常比較智慧。

我在還是小孩時，完全不懂華爾街與投資的事情，但是卻對世界發生什麼事很感興趣。大學畢業後到華爾街工作，發現可以拿薪資又可以知道世界發生什麼事，於是我愛上了華爾街。就像智利一旦發生革命，銅價就上漲，銅價一上漲，就會影響其他事。遙遠異國爆發的革命會產生許多影響。

你或許認為世界上發生什麼事，南非、中國發生什麼事，與自己沒有關係，但是無論你的工作是什麼，世界上發生的所有事，最後都會影響你的人生。

要成為一個成功的投資者，就必須隨時掌握世界上發生的所有事，這是投資困難的地方，也是投資有趣的地方。

失去所有的資產才發現的人生哲學

有時候等待比行動還重要

想成功唯一要做對的事

我經常被問，投資時要注意什麼？這是很複雜的問題，我為這問題甚至寫了六本書，但這不是「打開到37頁就可以看到答案」那麼單純。

例如，我注意的是經營公司的人物如何？公司的財務狀態如何？有沒有貸款？公司的經營方針如何？有多少競爭對手？公司的資產負債表如何？政府對這個業界有何看法？有沒有規制？此外，不僅閱讀桌上的資料，還要盡可能拜訪個人與企業，從他們的對手聽取資訊。如果要知道豐田汽車的事情，就去拜訪對手日產汽車與福特汽車，我經常會得到意外的收穫。

要投資國家的話，就親自到那個國家，目睹那個國家的狀況、安定度、人民的生活，詳細調查。

就這樣，要理解的事情很多，對人材、經營、業界都必須有深入的知識。在華爾街開始工作的時候，有時一天連續拜訪十五家公司，一星期去五個都市。當時一點也不覺得辛苦，還樂在其中，這種方式現在也沒變。

當然還必須隨時注意市場的動向，最近的例子是ＡＩ人工智慧的引進。人工智慧在市場能夠發揮作用嗎？如果能夠，是使用哪種人工智慧？這都必須有耐心持續地進行調查。

耐心是人生中必須學習的美德，無論哪所學校都無法讓我們有耐心，必須一邊經歷人生，一邊學習。不能停止學習，這個信念是我在進入耶魯大學時就一直持有。

我雖然不是優秀的學生，但是我下定決心要持續追求知識，直到無法追求為止。成功的人絕不會放棄，尤其是投資者。

大多數場合，市場都錯了。只有極少數者賺錢，幾乎所有的投資人都賠錢。投資人之所以賠錢，是因為採取錯誤的行動之故，而且是市場讓他犯錯。所以耐心調查的投資人，也就是採取正確行動的人，能夠獲得賺錢的機會。

誰都沒有注意到的東西，立刻買

投資的方法因狀況之不同而不一樣。雖然電視與網路充滿「這樣做就能夠大成功」的訣竅，但是要成為富豪卻不簡單。儘管訣竅很單純，大家或許會認為這樣我也做得到，以為自己也能夠創立像亞馬遜那樣的大企業。

如果只舉出一個成功的方法，我認為是「誰都沒有注意到的東西，立刻買」。

一九八〇年代，我在哥倫比亞大學商業學校執教時，奧地利想要擴大證券交易所的規模，隨著國家成長、繁榮，必須增設證券交易所，促進國際金融交易。但是奧地利還缺乏，所以政府想要設立金融中心。

剛好那時候，奧地利的財政部長滯留在紐約，我立刻邀請他到我的課堂。他在我的課堂說：「我們現在正要擴大證券交易所的規模，促進投資，整備法律。」有些國家為了讓投資人多買股票，以及為了讓更多企業上市，提供稅制上的優厚待遇。

奧地利就是採取這樣的手段，擴大金融交易的規模。我立刻打電話給紐約最大的奧地利銀行的分店長，說：「我想投資奧地利的證券交易所，我想在貴銀行開戶。」但是對方回答：「我們沒有證券交易所！」接著，我打電話給旅行社，想盡快去維也納。

我知道維也納有證券交易所，可是銀行的分店長不知道。也就是說，全世界大部分人都不知道。在這種情況下，可以便宜買進股票。因此我立刻飛到維也納，抵達後立刻開戶買進股票。

一九七三年，與索羅斯一起運用的「量子基金」之所以大成功，也是因為投資別人不知道的東西。我們兩人積極投資當時很少人有興趣的海外投資，以及放空股票。獲得四二〇〇％的傳說性驚人報酬。

還沒有人知道，政府為了讓大家知道市場而採取優惠措施，表面上看似乎很簡單，但是這是千載難逢的機會。如果這樣的機會來臨，不立刻買進，便會來不及。

所以如果北韓設立證券交易所，就應該立刻買進北韓的股票。不過問題是已經有許多人在注意北韓了，大家都在引頸期盼北韓開設股市。所以必須尋找北韓以外誰也沒有注意到的國家。前面已經提到俄羅斯也是很好的投資對象。

大多數人都避開俄羅斯，所以俄羅斯的股價很便宜。大家都不知道俄羅斯有股市，所以有許多機會。安倍首相想與俄羅斯建立友善關係，因為與俄羅斯建立友善關係的話，未來可能有好處。

川普總統也想與俄羅斯建立友善關係，但是太多美國人討厭俄羅斯，許多人的工作是散播俄羅斯專門做壞事的謠言，也有討厭俄羅斯的政治團體。所以川普不應該樹立太多敵人，安倍首相如果發揮智慧，俄羅斯會對日本，比對美國更開放。

耐心等待是重要的才能之一

即使在報紙或網路發現吸引我的個股，我也不會立刻買進，而是先進行調查。我過去有好幾次嚴重的失敗，失敗的原因都是調查不足。我也以此為戒，要充分調查後才行動。

不能簡單地說：「花這麼多時間調查，應該夠了」。因為隨著投資對象的不同，調查的深入度也不同。要詳細瞭解相關業界的股票——例如我投資砂糖已經五十年了，所以很清楚，也有很了解的國家。如果是新產業、新公司、新國家，就要更深入地徹底調查。畢竟那是高成本與高風險，所以最好投資自己熟悉的業界與國家。

如果沒有自己熟悉的領域，最好不要投資。寧願把錢放在銀行，等到自己熟悉的領域出現為止。雖然發生嚴重的通貨膨脹時會遭受損失，但是把錢放在銀行會生利息，總比投資錯誤遭受嚴重虧損好多了。

事實上，能夠等待是投資人必要的能力之一。投資人必要的時候幾乎是「什麼都不做」，過去我如此建議過許多人。

如果在某地方發現商機，確定那是正確的判斷，剩下的只有買進。相反的，在發現商機之前，什麼都不能做。大多數人都以為必須經常有行動，總是注意股價，必須經常有行動而變得非常忙碌，但是其實這樣錯了。

還有許多人，包括我自己，行動太急，我過去曾有許多因為太領先時代而失敗的例子。在確實發現商機之前，必須耐心等待。在世上許多人發現商機之前。

賺錢後是最容易失敗的時候

在賺錢時要特別注意。人們總是急著想再度大賺一筆。賺錢後，最好到海灘休閒度假，什麼都不做。大成功後，人們經常志得意滿起來，以為自己很聰明，賺錢很簡單，卻因再度投資而失敗。

人們失敗時，經常怪罪別人，怪罪經紀人，怪罪電視、網路的股票分析師，但是所有的失敗都是自己的責任，那就是沒有充分的調查。

我說了好幾次，想要投資成功，就不能聽別人的建議，投資在自己熟悉的領域就行了。汽車、運動、流行服飾，每個人都有自己熟悉的領域。

這位設計師，或者這家連鎖店總是會製作我喜歡的服飾，所以一定會成功——你也會有這樣的預感。我自己對流行服飾很陌生，但是熟悉的人立刻就會有這樣的預感。這個品牌會暢銷！這種預感就會成為投資的第一步。

但是如果發現商機，就必須行動才行。行動是指詳細調查，找到股票並買進。許多人都是事後諸葛地說：「我十年前就知道那家公司會成功，那時如果花一百日圓買進的話，現在就成為二十萬日圓了」。用嘴說很簡單，但是能夠說：「我十年前就知道那家公司會成功！」的人，是實際花一百日圓買進股票，後來成為二十萬日圓的人。

沒有付諸行動，沒有任何意義。付諸行動之後，只要睡覺就好了。悠閒等待那支股票上漲，賣出的時機來臨時賣出。只要熟悉那個業界，自然就會知道賣出的時機。當你感覺發生什麼變化。公司捨棄品質，轉為重視生產力，無法生產像以前那樣好的商品，就是賣出的時機。

如果徹底調查業界，就可以抓住那個變化，知道賣出的時機。重要的是成功時，不要志得意滿，成功時，最好在海灘躺著，悠閒度假。

資產暴增三倍後又一無所有的體悟

我也曾經有成功後志得意滿而大虧損的經驗。

在華爾街開始投資時，我大成功。周遭的人失去所有的財產，我五個月卻將資產變成三倍。我以為自己很聰明，但是那樣錯了。五個月後，我喪失了所有財產。

如果在沒有經驗時，短時間賺到鉅款，就會犯那樣的錯誤。我誤以為自己做的是正確的事。由於大失敗，才知道自己什麼都不懂。我學到市場比我還聰明，這是一次很好的教訓。

我經常向別人建議「失敗損失金錢不是壞事」，世界上最成功的人都是經歷過許多次失敗的人。

不過如果要失敗，最好是二十五歲時失敗，五十五歲大失敗的話，要挽回就很困難。年輕時失敗可以學到很多事情，如果是年輕時失敗，還有時間與體力可以重新站起來，邁向成功。

不被經濟變動而左右人生的祕訣

從投資對象到必要的技術

從世界金融危機中脫身的方法

如前所述，史上最凶惡的金融危機即將席捲全世界。為了從貨幣的混亂與通貨膨脹保護自己，只有持有實質資產。

德國在第一次世界大戰後，發生嚴重的通貨膨脹。當時度過難關的是擁有不動產與股票的人。即使不是股票，金、銀或郵票也好。如果是有價值的郵票就是實質資產。就靠這個保護自己，時代再變，這個道理不變。

近年，辛巴威與委內瑞拉都是好例子。委內瑞拉的黃金快速上漲，擁有實質資產的人能度過難關。深信政府的人無法賺錢，尤其在通貨膨脹時，不能相信政府。委內瑞拉因此人口不斷外流。

阿根廷過去一百年間數次貨幣貶值，每次貶值時，人們就購買黃金，大家都這樣保護自己。土耳其現在的黃金價格以當地的貨幣也急漲，但是以美元卻沒有急漲。

如果遇到量化寬鬆，資金會流向實質資產，這是歷史上不變的事實。

尤其二〇〇八年雷曼兄弟倒閉危機後，人們完全失去對金融商品的信賴。現在全世界從金融部門移轉到實際製造商品的產業，世界的中心逐漸移轉到礦工、石油生產者、農民。擁有許多天然資源的市場，因為這個移轉而越來越繁榮。

在全世界都在不斷印鈔票的現在，更應該擁有實質資產。回顧歷史，從來沒有一個時代，像現在如此降低自己國家貨幣的價值。鈔票的價值越低，實質資產的價值就越高。

今後絕對必要的兩種技術

現在日本與各國的終身雇用都逐漸消失，日本已經沒有提供終身雇用的能力了，所以必須擁有利基的技術。這個技術從教育中獲得也可以，出社會後在實際工作中獲得也可以，重要的是要符合時代的技術。

我的母親還是無法學會使用電子郵件，但是沒有關係，她已經八十多歲了，她說不想學，那就不必學。可是若是五十多歲的人，那就必須順應時代。各國已經無法提供終身雇用給不能變化的人了，不只是日本、中國、韓國，全世界都是如此。現代社會太多變化，無法跟上變化的人會很辛苦。

如果是年輕人，我建議他學習外語。我若有後悔的事情，那就是年輕時沒有學習外語。多知道一種外語，能夠吸收的資訊就多很多。我之所以離開美國，移居新加坡，就是想讓兩個女兒學會英語和中文兩種語言。現在世界的共通語言雖然是英語，但是我確信將來中文會成為執世界牛耳的語言。移居超過十年，現在兩個女兒的中文非常流暢，與新加坡人沒有兩樣。

今後日本必須依賴海外市場，因此對日本人而言，必須熟悉外語。已經會說英語的人，最好也能學會中文或西班牙文。西班牙文與中文一樣是重要的語言，如果學會西班牙文，也會理解同樣是拉丁系的義大利文與葡萄牙文。拉丁美洲有許多人口，也就是有市場與商機。

也可以學習韓語。如第二章所述，南北韓統一的話，朝鮮半島就會成為最興旺的地方，全世界的資本將流向朝鮮半島。

我如果是日本年輕人，想要移民的四個國家

我建議各位在外國居住一陣子。在外國生活比讀書、上學，學到的東西還多。當你回到自己的國家時，會比過去更理解自己的國家。

我如果是年輕的日本人，我會移居中國或韓國，甚至是哥倫比亞或越南。

如第三章所述，中國自毛澤東時代起，就有劇烈的變化，韓國與哥倫比亞也是如此。一般人或許覺得哥倫比亞是個危險的國家，其實並非如此。哥倫比亞曾經發生過麻藥戰爭，不過相關人士都已經死亡或關進監牢了。哥倫比亞的氣候適合栽種大麻，醫療用與產業用的大麻為合法。嗜好用的大麻在美國與加拿大的許多州也合法，其他國家也逐漸合法。「哥倫比亞＝麻藥＝危險」是宣傳的效果，哥倫比亞將比現在還更為發展。

越南是緊鄰中國的重要國家，人口大約九千三百萬人，是單一民族，人民勤勉。沒有許多民族與宗教的地區，比有許多民族與宗教的地區還要安定。有些人或許會問：美國如何呢？美國是世界最大的經濟國家，股價也在上漲，但是美國不是我選擇的對象。因為美國是最大的債務國，前途並非有望。

就像過去曾經稱霸的英國，現在已沒有任何昔日雄跡，美國遲早也會衰退。現在

如果是十歲的孩子，住在美國或許快樂，六、七十年後，住在美國就不快樂了！遺憾的是，日本也一樣。我擔心五十年後，日本已經不存在了。

獲得一九〇七年諾貝爾文學獎的英國詩人吉卜林，他的詩〈The English Flag〉中有一段話：

「What should they know of England Who only England know？」

（只知道英國的人，知道英國什麼了？）

意思是說去過英國以外國家的人，遠比沒有去過英國以外國家的人，還要更了解英國。這當然不只限於英國，任何國家都是如此。到國外或許需要勇氣，但是我敢斷言，將來回顧起來，你會認為那是你一生中最佳的決定。

第6章

未來的貨幣與經濟模式

AI人工智慧代表科技的進化，必定改變經濟與金流。尤其金融科技與無現金經濟將大幅改變我們的生活。隨著這個變化，會有興起的產業與衰退的產業，這是歷史的必然。

加上虛擬貨幣與支撐虛擬貨幣區塊鏈技術的興起，金錢的形式這幾年有很大的變化。

「投資之神」吉姆・羅傑斯如何看未來貨幣型態與經濟形式？本章將提出新的見解。

因AI而消失或提升的產業

由於金融科技，金融業界會有巨大的改變

高盛交易員從六百人銳減為兩人的原因

踏入未知的世界似乎很可怕，但是冒險可以豐富人生，而且最後將會帶來很棒的價值。

二〇一八年六月二十一日，我踏入一個新的世界。我設立使用AI人工智慧的ETF。「Rogers AI Global Macro ETF」（代號：BIKR），並由我擔任董事長。

眾所周知，許多投資者都進入金融科技的世界。他們已經確立以電腦的投資系統，並要求我擔任董事長。這些人年輕而有才氣，我當然答應了。

老實說，我不知道能否順利？十年後就知道結果了，如果電腦如我們想的那麼優越，一定很順利。

我並不很熟悉電腦的領域，但是仍舊對投資提出建議，我能夠提出過去累積的經驗與知識。我將自己擁有的一切，分給人工智慧，讓人工智慧取代我投資。

ＢＩＫＲ的職員都很年輕，接觸人工智慧的人都很年輕。我們人類能夠做的事情有限，人工智慧卻有輕易凌駕人類的可能性。做更快、更多、更正確的工作。遲早，雖然我們活著時還不會，人工智慧將取代人類。

金融業界也認為ＡＩ人工智慧比人類還優秀，已經在進行裁員。例如，高盛於二〇〇〇年紐約總公司股票交易部門有六百位交易員，二〇一七年時剩下兩人。

由於ＡＩ人工智慧與區塊鏈技術，現在的銀行將消失。銀行或許還存在，但是現在銀行所實行的所有機能將轉移到網路。極端地說，日本現在的銀行將變成老人院。無法跟上新科技的老人才會光臨實體銀行。

舊商業淘汰時是新商業誕生的機會

但是不要悲觀地認為人工智慧的興起，會讓人類退出舞台。有消失的產業，也有興盛的產業。從歷史上看，舊商業淘汰時是新商業誕生的機會。電力的發明讓許多人倒閉，但也創造出許多就業機會。鐵路業衰退時，汽車業取而代之。

成長的產業例如技術者參與其中的產業，應該注意的是北韓，新的產業將陸續出現。

新產業最好的例子是亞馬遜、臉書、谷歌等。亞馬遜雖然破壞許多產業，也幫助了許多產業。個人商店等小零售業者可以簡單地設立網路商店。由於AWS（亞馬遜的雲端服務），個人或企業都能便宜地進行設備投資。

如果AI人工智慧在投資上有效，幾乎所有的投資公司都會被人工智慧取代。相反的，自己調查，能夠發現人工智慧遺漏的東西，對這樣的人而言，是很大的機會。例如沒有進入ETF的股票。

ETF好像是股票的籃子。與一次買進許多股票一樣的效果。不必一一詳細調查個股，能夠簡單地分散投資。如果無法花時間與精力調查，最好投資ETF。我很懶惰，所以經常在尋找好的ETF。

可是ETF之外也有許多股票，非常便宜，誰都沒有注意，連人工智慧也遺漏的股票。如果願意自己調查，你將會大成功。

ＥＴＦ是好的投資標的嗎？

ＥＴＦ是只有三十年歷史的新金融商品。一九九〇年在加拿大多倫多證券交易所上市的「TIPS35」是世界最初的ＥＴＦ。

現在許多投資集中在ＥＴＦ。二〇一五年時，國際石油資本的「避險基金」的運用資產額還超過ＥＴＦ（ＥＴＦ、ＥＴＣ、ＥＴＮ的總稱）的運用資產額（參考圖26）。的確這可以理解。「避險基金」雖然有高運用收益，本錢也很貴，稍微的變動可能就會大虧損。最近幾年，「避險基金」的利益率持續下跌（參考圖27）。近來，世界經濟持續不安，以很少的本錢就能夠開始的ＥＴＦ很有人氣。

不過許多投資集中在ＥＴＦ的狀態，今後一旦行情下跌，會對ＥＴＦ產生破壞性的影響。人沒有知識與自信的時候，就有投資ＥＴＦ的傾向。這個狀況會讓即將來臨的熊市更加破壞性。因為投資者會同時賣出股票，投資者如果賣出ＥＴＦ，ＥＴＦ中的股票就會大跌。

此外，ＥＴＦ既會快速成長，也會快速縮小。尤其二〇〇四年之後，全世界ＥＴＦ的數目繼續增加，從二〇〇八年起，許多ＥＴＦ都被清算（參考圖28）。雖說是清算，卻不像企業的股票那樣破產，而是各ＥＴＦ的出資者認為不划算，便停止交易了。由於ＥＴＦ是個歷史很短的商品，所以不安定的要素還很多。

圖 26　2015 年後，ETF 的運用額超過避險基金

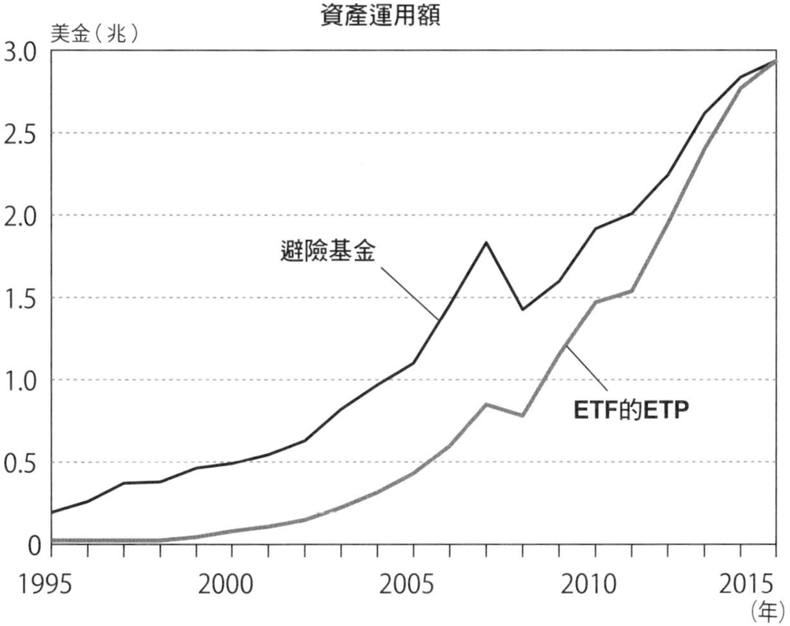

出處：英國《經濟學人》於 2015 年 8 月 1 日刊載「投資基金呼之欲出」

圖 27　避險基金的利益率持續下跌

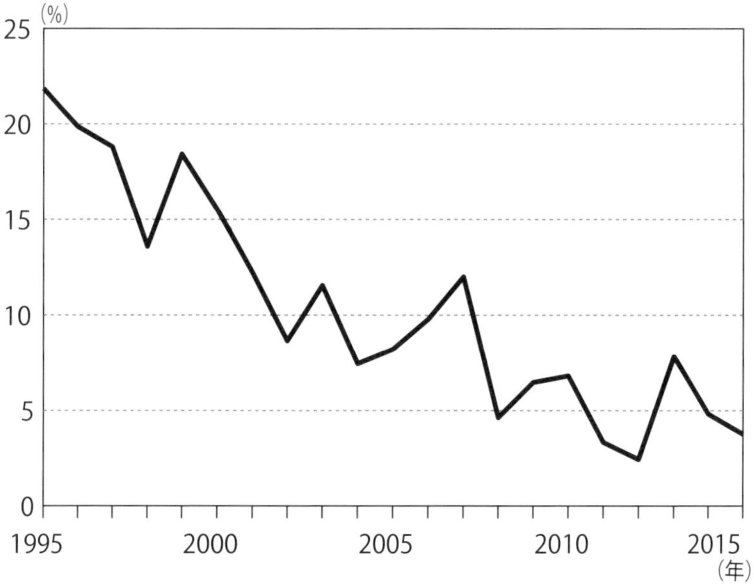

出處：英國《經濟學人》於 2015 年 8 月 1 日刊載「投資基金呼之欲出」

圖 28　與 ETF、ETP 相關的基金雖然在增加，倒閉的卻很多

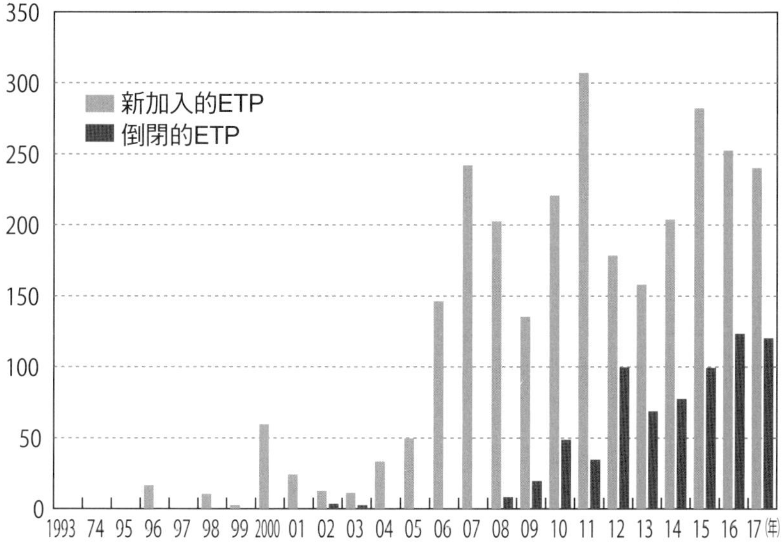

出處：美國金融網站 MarketWatch 於 2017 年 11 月 28 日刊載「從一張圖表看 ETF 市場的成長和縮小」

今後要投資就選擇ETF以外的股票

現在許多運用資產集中在ETF，這是一大問題。但是當大家採取同樣的行動時，只有你一人，用自己的腦思考、投資的話，你會獲得大利益。老實說，聰明的投資人現在正在尋找ETF以外的股票。ETF以外的股票比ETF中人氣企業的股票還要便宜很多。

不景氣時，大家都會賣出ETF，所以ETF中的股票就會下跌最多。ETF以外的股票雖然也會下跌，下跌的幅度卻小很多。

如果我不懶惰，我會花所有的時間，尋找ETF以外的股票。如果檢索「ETF個股一欄表」，就會出現ETF中的股票。沒有在那個一欄表的個股就是我要的股票。

如果你現在要開始投資股票的話，我建議你買進ETF以外的股票。ETF有許多優良企業，包括亞馬遜與阿里巴巴，所以我並非叫你不要買。只是我若是年輕的投資人，我會從ETF以外的股票開始投資。這個領域有較高的稀少價值。許多人只以ETF為投資對象，那樣比較輕鬆，也可以讓AI人工智慧尋找。

正因為是AI人工智慧的時代，所以要尋找人工智慧做不到的。這是成功的捷徑。

金錢的形式若改變，經濟也會跟著改變

小心政府推動無貨幣經濟的用意

無貨幣經濟的勢力消長與分布

網路與人工智慧不僅改變金融與投資的領域，也改變了我們的一切常識。人工智慧已經在許多領域活躍，孩子應該比我們還清楚。

我的兩個女兒出生於二〇〇三年與二〇〇八年。等到她們長大後，大概不必去銀行了，她們的孩子更是如此。不只是銀行，也不必去郵局或看醫生，也沒有貨幣。將來金錢的交易，完全靠電腦，所以不需貨幣。

現在全世界，尤其是中國、韓國與北歐各國正在積極進行無貨幣化。韓國的商業交易之中，有八九％是不使用現金的無貨幣結帳。中國是六〇％，瑞典約四九％，日本還不到二〇％（參考圖29）。

圖 29　各國無貨幣結帳比率的狀況（2015 年）

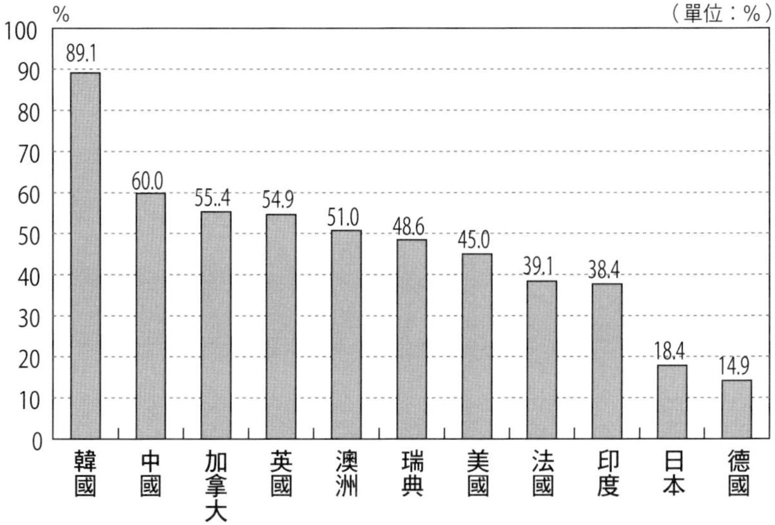

世界銀行「Household final consumption expenditure（2015 年）」及 BIS「Redbook Statistics（2015 年）」非現金支付所算出的年度結算金額。
關於中國是根據 Better than Cash Alliance 之報告。

出處：根據經濟產業部「無通貨的遠景」（2018 年 4 月）。

最近我去北京，買冰淇淋時，十九歲的店員不收我遞出的紙鈔，現在的中國，金錢不是紙鈔人民幣，而是智慧型手機裡的資訊。諷刺的是我有帶現金與智慧型手機，但是智慧型手機沒有安裝結帳的執行程式，因此我無法付買冰淇淋的價款。二〇一七年六月時，在中國都市，以手機結帳的利用率為九八・三％。使用現金的只有觀光客。最後店員雖然免費送我冰淇淋，但是如果我買的是賓士汽車或寶石，會怎麼辦？

無貨幣經濟與各國的疑慮

今後以無貨幣結帳會在全世界繼續進展，各國政府會積極消除貨幣。政府會盡快消除金錢，因為印刷鈔票與製造貨幣需要花費龐大成本。搬運、保護鈔票與貨幣也需要花費龐大的經費。加上很難控制金錢，例如我拿給某人一百萬日圓，除了當事人，沒有人會知道。政府想避免這樣的事情。

如果金錢的交易完全由電腦實行，政府就可以完全掌握我們的行動。政府可以知道你是否咖啡喝太多、是否電影看太多，這樣讓人不太舒服。

最後政府會自己製造虛擬貨幣，強迫人民使用。事實上，二〇一八年二月，委內瑞拉政府創設虛擬貨幣。委內瑞拉發生超級通貨膨脹，為了解決這個難題而創設虛擬貨幣。我不認為在政府監視下的虛擬貨幣能夠解決超級通貨膨脹。但是，我認為今後全世界會創設這種虛擬貨幣。

中國、俄羅斯、巴西創設虛擬貨幣來取代美元。美元有超過八十年在國際交易上主導的歷史，值得信賴。很難相信可以創設出虛擬貨幣，取代這麼強的美元。同時擁有與美元同樣價值的虛擬貨幣「USDT」已經登場。

一百年前人們用貝殼、黃金等任何有價值的東西當作貨幣。也自由實行以物易物。但是大恐慌影響下的一九三〇年代，英國制定的英鎊集團讓世界邁向集團經濟。英國對居住在英國本國、自治領、殖民地的人說：「你們如果不使用我們中央銀行的貨幣（英鎊），就是背信行為！」結果人們不用貝殼、黃金等，只有政府發行的英鎊才能用來商業交易。

今後若要投資，不是虛擬貨幣，而是區塊鏈

日本政府於二〇一六年，領先全世界定比特幣為貨幣。

有些使用比特幣的人或許會認為「我比政府聰明」！的確如此，許多人比政府聰

明，但是政府握有權力，政府如果說：「使用這個虛擬貨幣就是背信行為！」或制定法律「必須使用這個虛擬貨幣」。即使再怎麼聰明，也必須遵從政府的命令。我認為比特幣是一種泡沫經濟。

我不知道比特幣的適當價格。數年前還不存在的東西現在漲到一百倍、一千倍，這不是泡沫經濟，是什麼？我不認為比特幣是恆久的東西。巴菲特也說：「比特幣不是投資，而是賭博！不會產生利益。」雖然有人嘲笑他落後時代，但是無法像他那樣運用龐大金錢的人，有批評他的權利嗎？

二〇一八年十月時，比特幣已經從最高價跌六〇%至七〇%。看看比特幣對美元價格的變動圖就一目瞭然，直線上漲，以二〇一七年十一月為界，直線下跌（參考圖30）。與歷史上許多泡沫經濟一樣的變動。我之所以認為比特幣很快就會消失就是這個理由。在數千種虛擬貨幣當中，即使有一、兩種將來倖存，大多會消失，成為沒有價值的東西。

今後若要投資，與其比特幣，不如投資與區塊鏈相關的個股。區塊鏈是和虛擬貨幣完全不同的新技術，有未來性，也會讓社會產生大變革。

首先引進區塊鏈的是金融界。許多銀行被驅逐，當然許多與銀行業務相關的工作也消失。區塊鏈也波及汽車產業與通訊產業，之後會蔓延到所有的產業。接受學校的

圖 30　　比特幣對美元的價格波動

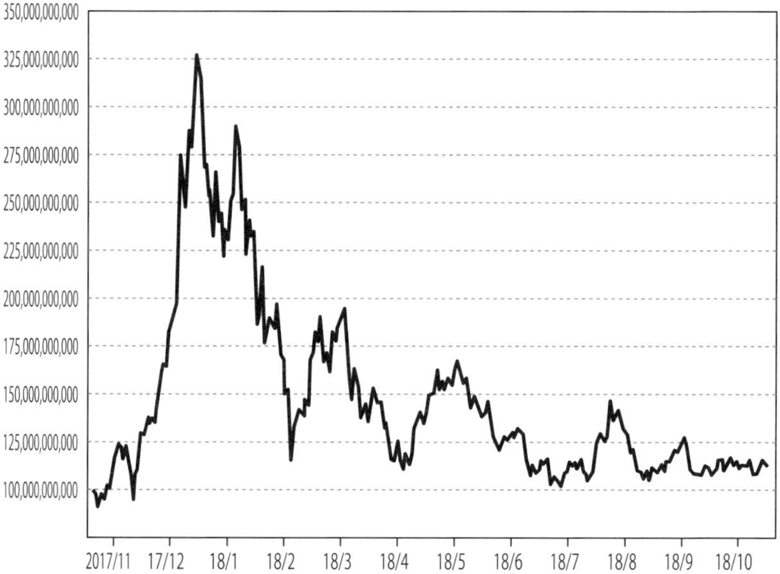

出處：根據 錢包服務商（Blockchain Luxembourg）

考試也好，預定飯店房間也好，付計程車資也好，在中國買冰淇淋也好，都是透過區塊鏈。因為電腦遠比人類更快、更有效率地執行許多業務。

因為區塊鏈而興旺的是哪一個國家？

因為區塊鏈產業而大躍進的是非洲。

非洲到最近為止，還沒有電話。歐美與亞洲過去使用黑電話（轉盤式電話），非洲連黑電話都沒普及。然而最近非洲智慧型手機突然普及。跳過架設電線這個過程，直接到智慧型手機。金融面也發生同樣的事情。非洲不會開設銀行，聘請銀行職員，而是直接進入區塊鏈。不只是金融，輸送業等許多產業也會被區塊鏈取代。

非洲已經普及手機貨幣等金融商品，非洲沒有先進國的基礎建設與高科技產業，是非常純潔的市場，變化應該立刻會出現。

比非洲更早出現變化的是東亞。東亞比非洲還擁有更多的工程師，應該會發生大躍進。會飛越美國與日本經歷的過程，直接進入區塊鏈。如前所述，中國與韓國已經朝無貨幣化邁進。以無貨幣結帳的比率，韓國是八九％，中國是六〇％，這個數字比任何歐美國家都高。

我現在正在尋找值得投資與ＡＩ人工智慧、區塊鏈相關的個股。ＩＢＭ、三星與阿里巴巴已經進入區塊鏈領域，但是區塊鏈還無法成為在這些大企業中發揮存在感的主要產業。無論三星在區塊鏈做什麼，三星的股價都不會快速上漲。我在尋找的是區塊鏈會大幅影響公司經營的中小規模個股。

二〇一〇年後半是ＡＩ與區塊鏈的時代

最近金融科技（FinTech）在香港成立第一家「ＩＴＦ」。我也是出資者之一。雖然現在還是小規模的新事業，今後的發展令人期待。能否發展，要看三十歲左右青年的手腕。

發明電腦的不是ＩＢＭ，而是默默無名的一家公司發明的。那家公司已經倒閉，不存在了。在電腦的黎明期，有好幾十個、幾百個電腦公司，每一家公司的知名度都很低。在這些知名度很低的公司中，大成功的只有ＩＢＭ。

金融科技也是一樣。現在與金融科技相關的公司在全世界有數十萬，我不知道哪一家會取得勝利，應該沒有人知道吧！

可以確定的是，現在這個時代，網路、人工智慧、區塊鏈會令人無法置信地占領重要的位置。五十年後的歷史學家在回顧二〇一八至二〇一九年時，一定會賦予是「人工智慧」的時代，或是「區塊鏈」的時代。

我們必須柔軟地搭上這個變化的時代。

後記

從自以為是解放出來

我從本書一開始就不斷地強調「向歷史學習！」

我在耶魯大學學習美國史，在牛津大學學習英國史。當時我讀了許多書，蓄積了許多知識。

你或許會認為歷史是根據事實寫的，其實不是。任何人都可能有自以為是，以及先入為主的偏見。即使想要根據事實寫，因為寫的人解釋不同，或故意解釋不同，所以必須閱讀各式各樣的書，學習不同的觀點。

如果我在二十一歲夠聰明的話，就不會去牛津大學，而是去中國。當然牛津大學時代很愉快，但是現在回想起來，還是應該去中國。我那時完全沒有察覺不只是學習西洋史，還有學習世界史的重要性。

耶魯大學時代，我不僅不知道歷史，連投資也不知道。雖然模模糊糊知道華爾街在紐約的何處，以及一九二九年華爾街股市大暴跌，相關細節卻完全不了解。無法區別股票與債券的不同，也無法將歷史與投資作連接。

現在我知道要投資成功，歷史扮演的重要性。我在全世界旅行，經歷了投資界與教育界種種領域之故，知道中國、日本等亞洲的重要性。也就是說，閱讀許多歷史書很重要，同時把知識與實際的經驗結合也很重要。

變化不是恐怖的事情，而是有趣的事情

本書之中介紹英國詩人 Rudyard Kipling 的詩：

「What should they know of England who only England know ？」

（只知道英國的人，知道了英國什麼？）

現在，我們的世界正產生大變化，不要只是害怕，希望你能親眼目睹，那一定能夠讓你獲得令人興奮的經驗。希望本書在你邁向未來時有幫助。

吉姆．羅傑斯在新加坡

國家圖書館出版品預行編目資料

世界經濟未來在亞州：負債在西方、資產在東方，吉姆・羅傑斯大膽預測中・日・韓・美 10 年內的消長變化 / 吉姆・羅傑斯 (Jim Rogers) 著；大野和基 日文版譯者；呂理州 譯 .-- 初版 . -- 臺北市：三采文化，2020.01
面； 公分 . --（Trend;59）

ISBN 978-957-658-277-6(平裝)
1. 經濟趨勢 2. 經濟預測 3. 亞洲

552.3 108020118

suncolor 三采文化集團

Trend 59

世界經濟未來在亞州

負債在西方、資產在東方，吉姆・羅傑斯大膽預測中・日・韓・美 10 年內的消長變化

作者｜吉姆・羅傑斯 (Jim Rogers) 日文版譯者｜大野和基 譯者｜呂理州
副總編輯｜郭玫禎 選書編輯｜李媁婷 版權經理｜劉契妙 英文校正、編輯協力｜大井美紗子
美術主編｜藍秀婷 封面設計｜鄭婷之 美術編輯｜鄭婷之、高郁雯 內頁排版｜周惠敏

發行人｜張輝明 總編輯｜曾雅青 發行所｜三采文化股份有限公司
地址｜台北市內湖區瑞光路 513 巷 33 號 8 樓
傳訊｜TEL:8797-1234 FAX:8797-1688 網址｜www.suncolor.com.tw
郵政劃撥｜帳號：14319060 戶名：三采文化股份有限公司
初版發行｜2020 年 1 月 10 日 定價｜NT$360
3 刷｜2020 年 6 月 25 日

OKANE NO NAGARE DE YOMU NIHON TO SEKAI NO MIRAI

Original Japanese edition published by PHP Institute, Inc.
Traditional Chinese edition published by arrangement with PHP Institute, Inc., Tokyo in care of Japan Uni Agency, Inc.Tokyo

suncolor